ブックレット新潟大学

# 地方税財政法入門
## ―地方税財政の現状と課題―

今本 啓介

新潟日報事業社

# も　く　じ

## I　はじめに―わが国の地方公共団体の財政状況を俯瞰する

### 1　日本の地方公共団体の財政状況

**「三割自治」とは何か**　　読者の皆さんは、「三割自治」という言葉を聞いたことがあると思います。これは、わが国では、地方自治が憲法で保障されているにもかかわらず、その実情は3割程度のものであるという意味ですが、具体的に意味するところはもともと2つあるといわれていました。すなわち、1つは、地方公共団体の事務のうち地方公共団体固有の事務は3割にすぎず、残る7割は、機関委任事務という形で都道府県知事・市町村長が国の機関として国の事務を行っていたという意味で、今1つは、地方公共団体の財源のうち、地方公共団体が自ら調達することのできる住民税、固定資産税等の地方税、使用料・手数料などの自主財源は3割にすぎず、残る7割は、依存財源とよばれる国が交付ないし譲与する使途が指定されない地方交付税ないし地方譲与税や、使途の指定された国庫補助負担金、そして、地方公共団体の借金である地方債で賄われているという意味です（地方債の発行には、原則として、総務大臣との協議及び総務大臣の同意が必要ですから、地方債も依存財源に入れられます）。

　もっとも、地方公共団体の事務のうち地方公共団体固有の事務は3割にすぎないという意味での三割自治については、平成11（1999）年に行われた第1次地方分権改革において機関委任事務が廃止され、その一部は国の直接執行とされたものの、大半は地方公共団体の事務である自治事務と法定受託事務に再編されたことにより一応の解決が図られました。しかしながら、地方公共団体の財源のうち、地方公共団体が自ら調

達することのできる地方税などの自主財源が3割にすぎないという意味
での三割自治については、第1次地方分権改革において手当がなされ
ず、地方公共団体の歳出削減、効率化が優先されることにより解決が図
られました。その解決方法の1つが、平成11（1999）年以来強力に進め
られた「平成の大合併」と呼ばれる市町村合併です。そして、国から地
方への税源移譲については、平成16（2004）年度から平成18（2006）年
度までの3年間にわたる三位一体改革において、所得税から個人住民税
への一部移譲が行われたにすぎませんでした。もっとも、三位一体改革
では、同時に、地方交付税の総額の抑制や国庫補助負担金の減額が行わ
れましたので、地方交付税に依存している地方公共団体においては状況
が厳しくなりました。そのため、現在、「三割自治」という場合、地方
公共団体が自ら調達することのできる地方税の割合が、地方公共団体の
歳入総額の概ね3割を占めるにすぎないということを意味します。

**日本の地方公共団体全体の現在の歳入はどのような状況にあるか**
平成29（2017）年度決算をみると、地方公共団体全体の歳入額の純計（重
複分を除いた合計）は約101.3兆円、そのうち地方税は約39.9兆円であり、
地方税が歳入総額の40％弱を占めています。また、使用料・手数料等を
含めた自主財源は約55.9兆円であり、地方公共団体全体の歳入額の純計
の約55.1％を占めています。一方、残る約44.9％は、地方交付税（約16.8
兆円、16.6％）、国庫補助負担金（約15.5兆円、15.3％）、地方債（約10.6
兆円、10.5％）の依存財源により賄われています（図1参照）。

このように、現在は、かつてのような「三割自治」という状況は幾分
緩和されているものの、依然として歳入全体における地方税の割合は4
割弱にとどまっており、自主財源の割合は依然として小さいということ
がうかがえます。また、歳入全体における地方税の割合は、都道府県に

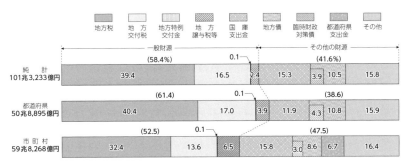

**【図1】** 平成29（2017）年度における歳入の内訳（出典：総務省『平成31年度地方財政白書』（2019年）14頁）

おいて40.4％、市町村において32.4％となっていますが、この割合は、地方公共団体によって大きく異なっています。すなわち、平成29（2017）年度決算額において、都道府県では、最も高い東京都は約74.7％であるのに対して、20％に満たない県も7団体存在します。また、特別区を含む市町村においても、歳入全体における地方税の割合が60％を超える市町村が17（1％）ある一方、30％に満たない市町村が1142（66.4％）あります。

**日本の地方公共団体全体の現在の歳出はどのような状況にあるか**

次に、日本の地方公共団体の平成29（2017）年度決算における歳出をみると、地方公共団体全体の歳出の純計決算額が約98兆円となっており、行政目的別にみると、民生費（児童福祉、高齢者福祉、福祉医療、国民年金など福祉全般に使う費用）が最も多く、約26兆円（26.5％）を占め、以下、教育費（約16.9兆円、17.2％）、公債費（地方債の元利償還金等）（約12.7兆円、13.0％）、土木費（約11.9兆円、12.1％）、総務費（約9.1兆円、9.2％）等が占めます。また、性質別にみると、人件費、扶助費（生活

保護費等）、公債費からなる、任意に削減できない極めて硬直性が強い
経費である義務的経費が約49.4兆円（50.4％）、道路、公園、学校の建設
等に要する普通建設事業費や、災害復旧事業費及び失業対策事業費から
なる社会資本整備に必要な投資的経費が約15.2兆円（15.1％）となって
います。そして、残りの部分は、その他の経費とよばれ、補助費等（他
の地方公共団体や民間に対する補助金）や繰出金（一般会計から特別会
計に繰り出される負担金等）がこれに含まれます（約33.4兆円）。この
ように、地方公共団体の歳出の約半分は義務的経費で占められており、
地方公共団体が創意工夫をもって支出できる部分は歳出の半分にとど
まっています（図2・図3参照）。

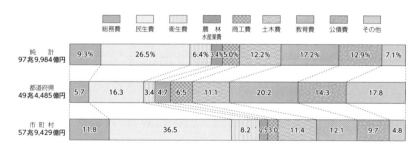

【図2】 平成29年度における目的別歳出の構成比（出典：総務省『平成31年度地方財政
白書』（2019年）16頁）

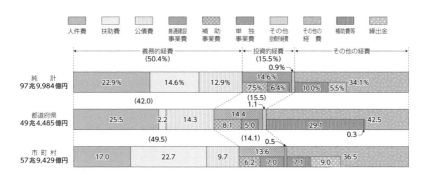

【図３】　平成29年度における性質別歳出の構成比（出典：総務省『平成31年度地方財政白書』（2019年）19頁）

　さらに、地方公共団体の財政構造の弾力性は、経常収支比率によって判断されます。経常収支比率とは、人件費、扶助費、公債費等のように毎年度経常的に支出される経費（経常的経費）に充当された一般財源の額が、地方税、地方交付税、地方譲与税等のように毎年度経常的に収入される一般財源、並びに同様に使途が特定されない減収補填債特例分及び臨時財政対策債の合計額に占める割合を指します。この値が高いと、一般財源等の額に比して経常的経費が高く、財政構造が硬直化していて、地方公共団体が自由に使える財源が少ないということになります。すなわち、特別区・一部事務組合を除いた平成29（2017）年度の経常収支比率は、93.5％（都道府県では94.2％、市町村では92.8％）ですが、減収補填債特例分及び臨時財政対策債を経常収支比率算出上の分母から除いた場合の経常収支比率は100.8％に達しており、地方交付税、地方譲与税を合わせても、一般財源等のほとんどが経常的経費に使われてしまうという状況にあります。

　**国と地方の財政関係はどのようになっているか**　　これまでにみたよ

うに、平成29年度決算における地方公共団体全体の地方税の総額は、約39.9兆円にすぎません。これに対して、国税の総額は、平成29年度決算において約57.3兆円に上り、国の歳入は、国債（財政法上は「公債」とよびます。平成29年度決算においては約33.6兆円を占めます）等も含めて、平成29年度決算において約103.6兆円となっています。一方、国の歳出は、地方公共団体に移転される地方交付税交付金等（約15.6兆円（15.9％））を除くと、約88兆円にとどまり、租税の実質的な配分は、国が約41.1兆円（42.9％）、地方公共団体が約55.5兆円（57.1％）となっています。国から地方公共団体への財源の移転は、ほかにも国庫補助負担金の形で行われていますので、地方公共団体への財源移転分を除いた国の歳出は、地方公共団体全体の歳出の純計決算額である約98兆円を大きく下回っています。

　このように、わが国では、国に比べて地方公共団体の財政需要の方が大きいにもかかわらず、地方公共団体が地方税によって自ら賄うことのできる歳入額は、国税の額の7割弱にとどまるという状況にあります。日本国憲法92条は、「地方公共団体の組織及び運営に関する事項は、地方自治の本旨に基づいて、法律でこれを定める」と定め、同94条は、「地方公共団体は、その財産を管理し、事務を処理し、及び行政を執行する権能を有し、法律の範囲内で条例を制定することができる」と定めていることから、一般に、地方自治は制度的に保障される必要があるとされています。「自治」とは、「自分や自分たちに関することを自らの責任において処理すること」（『大辞泉』）を意味しますが、本来、自らの責任において処理する場合には、費用の負担も自らでしなければならないということになるはずです。実際、地方自治法10条2項は、「住民は、法律の定めるところにより、その属する普通地方公共団体の役務の提供を

ひとしく受ける権利を有し、ˋそˋのˋ負ˋ担ˋをˋ分ˋ任ˋすˋるˋ義ˋ務ˋをˋ負ˋうˋ」（傍点筆者）と定めていますが、特に傍点部分は負担分任原則とよばれ、地方自治の重要な要素であるということができます。また、地方財政法 9 条は、「主として地方公共団体の利害に関係のある事務を行うために要する経費は、当該地方公共団体が、全額これを負担する」と定め、地方公共団体の事務に係る経費の全額自己負担の原則を打ち出しています。現在、地方公共団体が必要な歳出に対して 3 割しか自らで調達できていないという状況は、負担分任原則に反しますし、地方公共団体の経費の全額自己負担の原則にも反します。

## 2　日本の地方公共団体の抱える問題状況

**人口減と高齢化の進む日本**　　日本の地方公共団体の財政状況について、特に国との関係でどのようになっているかに関しては 1 でみたところですが、近年では、一部の地方公共団体において、自らで費用を負担すること自体が難しい状況が出てきています。

　令和 2 （2020）年 5 月の日本の人口は約 1 億2590万人で、そのうち65歳以上の人口が約3608万人（約28.7％）を占めますが、平成24（2012）年 1 月に国立社会保障・人口問題研究所が公表した「日本の将来推計人口」によると、2040年には約 1 億728万人に減少する一方、65歳以上の人口は約3868万人（約36.1％）に増えると予測されており、さらに、2060年には、人口は約8674万人まで減少する一方、65歳以上の人口は約3464万人（約40.0％）となると予測されています。また、平成30（2018）年には、65歳以上の人口が全人口に占める割合が高い都道府県は地方が中心となっており（最も高い秋田県が36.4％）、特に東京都・神奈川県は比較的低い値にとどまっていますが（東京都約23.1％、神奈川県

25.1％）、2045年には東京都でも30％を超えるほか、秋田県では50.1％に達すると予測されています（内閣府『令和元年版高齢社会白書』（2019年）11頁）。

　65歳以上の人口が増えるということは、生産力人口が減少することを意味しており、税収は減少します。特に現在このような状況が地方において顕著で、今後首都圏においてもこのような状況が出てくることが予測されている以上、地方税財政制度について抜本的な見直しを行う必要が出てくるでしょう。

　**すでに出てきている問題**　地方税財政制度をめぐっては、すでにいくつかの問題が出てきています。以下では、本書の関心に従って、さしあたり３つほど挙げておきます。

　第１は、エネルギー政策の転換により人口が急減し、観光への投資にも失敗した北海道夕張市が、地方債の残高の超過により財政再生団体となり、行政サービスを削減した緊縮財政を強いられていることです。現在、財政再生計画が策定され、令和７（2025）年度までにこれまでに発行した地方債を返済するとされており、返済自体は粛々と進んでおりますが、一方で想定以上に人口減と高齢化が進んでいます。地方公共団体の財政の健全化に関する法律（地方公共団体財政健全化法）では、地方債は全額返済することを前提に制度が作られていますが、こうした制度で将来の問題に対応できるかについては再検討する必要があります。

　第２は、地方に所在する地方公共団体の中には、自主財源の占める割合が著しく低く、ほとんどの歳入が地方交付税交付金等の依存財源により賄われているところも少なくないことです。また、地方交付税交付金も十分に交付されているかというと、本書で見るように必ずしもそうとは言い切れません。令和２（2020）年秋ごろに、北海道の寿都町と神恵

内村が相次いで高レベル性放射性廃棄物処理施設の立地に係る文献調査
に応募したことが話題になりましたが、これらの地方公共団体が文献調
査に応募した大きな理由は、文献調査に応募することにより得られる多
額の交付金の存在でした。実際、これらの地方公共団体では高齢化、人
口減が進んでおり、自らが課税している地方税は歳入全体の１割にも満
たない状況にあります（平成30年度に寿都町で4.5％、神恵内村で3.9％）。
都道府県レベルでも、たとえば新潟県では歳入のうちに県税の占める割
合が２割程度にすぎず、県税が歳入のうちに占める割合が３割に満たな
い道県が多く存在します。今後、歳入に占める自主財源の割合を高める
にはどうすればよいか、このように歳入に占める自主財源の割合が３割
にも及ばない状況がそもそも適切かについて考える必要があります。

　第３は、平成の大合併の際に発行されたいわゆる合併特例債の返還特
例（70％を地方交付税の基準財政需要額に算入できる特例。そのため、
償還する金額の多くは国が面倒をみてくれることになります）が平成27
（2015）年度に終了したことにより、合併特例債を発行した地方公共団
体を中心に今後地方債の償還の負担が高まることです。特に合併特例債
を用いて公共施設を建設した地方公共団体においては、今後その維持管
理費で多額の出費が見込まれますが、こうした費用については自らの税
収や地方交付税で賄わなければならず、それで足りなければ地方債を新
たに発行する必要が出てきますので、財政の余力が失われる可能性があ
ります。

## 3　本書の構成

　本書では、以上のような日本の地方公共団体における厳しい財政状況
を踏まえつつ、特に歳入面における現行制度の状況と課題について皆さ

んに知っていただくことを目的としています。具体的には、次の問いに
対して一定の答えを導くことにあります。

　　・財政状況が厳しいならば、まず税収を増やすことを考える必要があ
　　　るが、現行地方税の制度でそれは可能か。
　　・財源調整のために交付される地方交付税はどのような仕組みで交付
　　　されているか。現行地方交付税にはどのような問題があるか。
　　・国庫支出負担金はどのようなもので、近年の改革がどのような方向
　　　で行われているか。近年の改革には問題はないか。
　　・地方債の市場公募の拡大は地方債の安全性と両立するか。両立のた
　　　めに必要なものは何か。

　以下、地方税、地方交付税、国庫補助負担金、地方債の順でそれぞれ
の制度について説明したうえで、現在抱えている課題について明らかに
したいと思います。

# Ⅱ　地方税の現状と課題

Ⅰでみたように、自治財政権の肝となるのが地方税です。本章では、地方税とはどのようなものかを概説したうえで、地方税の抱える課題について明らかにします。

## 1　国税と地方税

**国税と地方税にはそれぞれどのようなものがあるか**　租税には、国が賦課・徴収する国税と、地方公共団体が賦課・徴収する地方税があります。国税には、直接税として、所得税、法人税、相続税・贈与税があるほか、間接税として、消費税、酒税、たばこ税、揮発油税、石油ガス税、航空機燃料税、石油石炭税、電源開発促進税、自動車重量税、国際観光旅客税、関税、とん税等があります（表１参照）。以上は、一般会計に入れられるものですが、ほかに特定の事業を行う場合や特定の資金を保有して運用を行う場合等に

| | 国税 | 地方税 |
|---|---|---|
| 所得課税 | 所得税<br>法人税<br>地方法人税<br>地方法人特別税<br>特別法人事業税<br>森林環境税（令和6年度～）<br>復興特別所得税 | 住民税<br>事業税 |
| 資産課税等 | 相続税・贈与税<br>登録免許税<br>印紙税 | 不動産取得税<br>固定資産税<br>特別土地保有税<br>法定外普通税<br>事業所税<br>都市計画税<br>水利地益税<br>共同施設税<br>宅地開発税<br>国民健康保険税<br>法定外目的税 |
| 消費課税 | 消費税<br>酒税<br>たばこ税<br>たばこ特別税<br>揮発油税<br>地方揮発油税<br>石油ガス税<br>航空機燃料税<br>石油石炭税<br>電源開発促進税<br>自動車重量税<br>国際観光旅客税<br>関税<br>とん税<br>特別とん税 | 地方消費税<br>地方たばこ税<br>ゴルフ場利用税<br>軽油引取税<br>自動車税（環境性能割・別割）<br>軽自動車税（環境性能割・種別割）<br>鉱区税<br>狩猟税<br>鉱産税<br>入湯税 |

【表1】国税・地方税の税目（財務省ホームページより作成）

一般会計とは別に経理される特別会計に入れられるものとして、地方法人税、地方法人特別税等があります。

これに対して、地方税として課すことができるものについて、地方税法は次の通り列挙しています（なお、以下では法律の条数については原則として省きます）。

まず、道府県が課すものとされる税について、普通税（使途が特定されないもの）として、道府県民税、事業税、地方消費税、不動産取得税、道府県たばこ税、ゴルフ場利用税、自動車取得税、軽油引取税、自動車税、鉱区税を挙げるほか、目的税（使途が特定されたもの）として、狩猟税、水利地益税（水利地益税については課すことができるとされます）が挙げられています。また、これら以外にも、道府県は別に税目を起こして普通税・目的税を課すことができます（このような普通税・目的税を「法定外普通税」・「法定外目的税」と呼びます）。

次に、市町村が課すものとされる税について、普通税として、市町村民税、固定資産税、軽自動車税、市町村たばこ税、鉱産税、特別土地保有税を挙げるほか、目的税として、入湯税（鉱泉浴場所在の市町村のみ）、事業所税（指定都市のみ）を挙げています。また、市町村は、ほかに目的税として、都市計画税、水利地益税、共同施設税、宅地開発税、国民健康保険税を課すことができます。また、市町村も、これらとは別に法定外普通税・法定外目的税を課すことができます。

なお、地方税法が都道府県税とはせずに道府県税としているのは、東京都においては若干の例外が設けられているためです。すなわち、多くの道府県税は東京都にも適用されますが、東京都特別区（千代田区、新宿区等のいわゆる23区。地方自治法上は、特別地方公共団体の1つとされており、普通地方公共団体である市町村とは区別されています。な

お、指定都市にある区（新潟市中央区等）とは異なります）においては、東京都は、個人都民税・法人都民税のほか、特別区の法人住民税を課するものとされ（特別区の住民税は、特別区民税として個人に対してのみ課されます）、また、特別区の区域において市町村税である固定資産税と特別土地保有税を課するものとされています。以下では、道府県税のうち、東京都にも適用されるものについては都道府県税と記すこととします。

　**地方税に求められるものは何か**　それでは、国税と比較して、地方税に求められるものとは何でしょうか。地方税の租税原則として、伝統的に次のようなものが挙げられてきました。

①　収入が十分であり、普遍性があること（普遍性の原則）　地方税に求められる第1は、収入が十分であり、普遍性があることです。すなわち、地方税においては、税収が地域的に偏在することなく、普遍的に存在する方が望ましいとされます。アメリカ合衆国では、自治体の主要財源は土地・家屋に課される財産税（property tax）ですが、これはまさに財産税に普遍性があるからであるとされています。日本でも、地方税収の人口1人あたりの税収額をみると、固定資産税のほか、地方消費税が普遍性のある税目となっています。これに対して、地方法人2税（法人住民税・法人事業税）は、東京都に税収が集中しているという問題があります。

②　収入に安定性があること（安定性の原則）　第2に、地方税は、収入が安定したものであることが求められます。すなわち、地方税においては、収入が景気変動に左右されず、安定していることが望ましいとされます。これに対して、国税は、景気変動の際の自動安定化装置として機能する側面もありますから、この原則が必ずしも

当てはまらないとされます。

③　負担分任性があること（負担分任原則）　　第3に、地方税は、地域社会の全ての住民が負担を分かち合うものであることが求められます。地方自治法10条2項は、「住民は、法律の定めるところにより、その属する普通地方公共団体の役務の提供を等しく受ける権利を有し、その負担を分任する義務を負う」と定めており、負担分任原則を明確にしています。

④　応益性があること（応益原則）　　第4に、地方税は、政府の提供する公共サービスの受益に応じて負担するのが公平であるとされます。こうした考え方は、応益原則と呼ばれます。応益原則は、能力に応じて租税は課されるべきであるとする応能原則としばしば比較されます。地方税においても応能原則が否定される必要はありませんが、所得の再分配は国によって行われますので、地方税はむしろ応益原則の観点から課されるべきであると考えられています。

⑤　自主性があること（自主性の原則）　　第5に、地方公共団体の課税自主権を尊重して、地方税の課税標準と税率の決定に地方公共団体の自主性が認められるべきとされます。日本国憲法は、後述のように、地方自治の章を設けて、地方公共団体に対して法律の範囲内で課税自主権を付与しており、地方公共団体が、地方税に関する立法権を持つことを不可欠であると考えています。

## 2　憲法及び地方税法の定め方と地方税条例

　**地方税は条例で課すことができるか**　　日本国憲法84条は、「あらたに租税を課し、又は現行の租税を変更するには、法律又は法律の定める条件によることを必要とする」と定めており、いわゆる租税法律主義を

定めています。一方、同94条は、「地方公共団体は、その財産を管理し、事務を処理し、及び行政を執行する権能を有し、法律の範囲内で条例を制定することができる」と定めており、ここでの「行政の執行」に、課税も含まれるとされています。そのため、地方公共団体が条例により課税することができるかが問題となってきました。

　当初は、地方税法が定めた場合のみ課税することができるとの解釈もされましたが、現在は、地方税は条例により課税されるという解釈がとられています。この考え方を、地方税条例主義と呼びます。実際、地方税法は、「地方団体は、この法律の定めるところによつて、地方税を賦課徴収することができる」（2条）と定める一方、別のところで、「地方団体は、その地方税の税目、課税客体、課税標準、税率その他賦課徴収について定をするには、当該地方団体の条例によらなければならない」（3条）と定めています。そのため、都道府県及び市町村・特別区（以下「地方団体等」といいます）は、それぞれで地方税条例を定め、それぞれの地方税条例が定めるところに従って課税をしています。この意味で、地方税法は「枠組法」とされており、地方団体等がどのような租税を課し、どのような税率で租税を課しうるかについての枠組みを定めているにすぎないとされています。もっとも、地方税条例が地方税法で定められていることを全て定めなければならないわけではなく、通常、地方税法と重複する部分については条例で改めて定めないことが一般的です。たとえば、新潟県県税条例には「県税の税目、課税客体、課税標準、税率その他賦課徴収については、この条例に定めるもののほか、地方税法……その他の法令の定めるところによる」（2条）という規定が置かれています。

**　標準税率と超過税率はどのような関係にあるか**　　地方税法は、枠組

法として税率について定めていますが、そこではしばしば標準税率が定められています。標準税率とは、地方団体が課税する場合に通常よるべき税率のことをいい、地方税法の定める税率が標準税率である場合、地方団体等は財政上の必要に応じて、標準税率を超えた税率（このような税率を「超過税率」といい、超過税率で課税することを「超過課税」といいます）により、または標準税率よりも低い税率により、課税することができます。

　標準税率で重要なのは、標準税率が地方交付税の額を定める際の基準財政収入額の算定の基礎として用いられる点です。地方交付税とは、地方団体等の財政調整を目的に、国税の一定税目の一定割合の額を原資に地方団体等に交付されるもので、現在、地方交付税はほとんどの地方団体等に交付されています（詳細はⅢを参照）。そして、地方交付税の算定の基礎となる基準財政収入額は、当該規模の地方団体等が標準的に確保できる収入額から留保財源と呼ばれる部分を差し引くことによって算出されます。そのため、超過課税やふるさと納税によって収入額が増えたとしても、地方交付税の額に影響することはありません。また、地方団体等が税率を標準税率未満に設定することも可能ですが、税率が標準税率未満である地方団体等が、学校その他の文教施設、保育所その他の厚生施設、消防施設、道路、河川、港湾その他の土木施設等の公共施設又は公用施設の建設事業費、及び公共用に供する土地又はその代替地としてあらかじめ取得する土地の購入費の財源とする場合には、地方債の起債に総務大臣または都道府県知事の許可が必要であるとされており、その意味では、標準税率は税率の下限保障機能を持っているということもできます。

　**課税免除・不均一課税・減免とは何か**　　地方税法は、一定の要件を

満たす場合に課税をしないこと（課税免除）、一定の要件を満たす場合に税負担を軽減することを認めている場合（不均一課税）があります。すなわち、地方税法は、地方団体等の公益上その他の事由により必要がある場合の課税免除及び不均一課税と、一部に対して利益がある事件についての受益による課税免除及び不均一課税を定めています。また、地方税法は各税目について減免の定めをおき、「天災その他の特別の事情」がある場合の条例による税の軽減を定めるほか、法律により減免が定められる場合もあります。

## 3　主な地方税の概要

### ⑴　住民税

　**住民税にはどのような種類があるか**　　住民税とは、住民の所得に対して課される租税です。住民税は、地方団体の種類に応じて市町村民税と道府県民税に（東京都においては、23区で個人についてのみ特別区民税が課されるほか、道府県民税として都民税が課されます）、納税義務者の種類に応じて個人住民税と法人住民税に分けられます。そして、個人住民税には、市町村個人住民税と道府県個人住民税があり、それぞれ均等割と所得割があります。また、法人住民税にも、市町村法人住民税と道府県法人住民税があり、それぞれ均等割と法人税割があります。さらに、道府県個人住民税には、利子割、配当割、株式等譲渡所得割があります。以下では、個人住民税と法人住民税に分けて、それぞれについて概観したいと思います。

### ア　個人住民税

　**個人住民税は誰に課されるか（納税義務者）**　　個人住民税の納税義

務者は、①都道府県（市町村・特別区）内に住所を有する個人、②都道府県（市町村・特別区）内に事務所、事業所又は家屋敷を有する個人で、当該事務所、事業所又は家屋敷を有する市町村・特別区（都道府県）内に住所を有しない者（納税義務者が②である場合、「家屋敷課税」と呼ばれます）とされます。住所は、民法により「生活の本拠」とされていますが、住民基本台帳法の適用を受ける者については、その当該市町村（道府県の区域内の市町村）の住民基本台帳に記録されている者とされます。もっとも、みなし課税の制度があり、住民基本台帳に記録されている住所ではない真実の住所を有する者に対しては、真実の住所のある市町村・特別区（都道府県）で課税されます。住所は、客観的な居住の事実のみならず主観的意思をも補足的に考慮して総合的に判断すべきとされますが、実際には、真実の住所を逐一把握することは困難であり、住民基本台帳に記録されているところによって課税されることがほとんどであると思われます。

**個人住民税の会費的な部分：均等割**　　均等割とは、負担分任の原則や応益負担の考えから、地方団体内に住所を有する個人等に対して均等額が課されるもので、いわば地域社会への会費的な役割をもっているものです。均等割の標準税率は、都道府県が1000円、市町村・特別区が3000円とされています。これに加え、東日本大震災からの復興を目的に、平成26（2014）年から令和5（2023）年までの10年間、標準税率が1000円（道府県・市町村各500円）引き上げられています。なお、生活保護法による生活扶助を受けている者等一定の者については、市町村民税・特別区民税、都道府県民税ともに非課税とされています。また、市町村民税・特別区民税については、①均等割を納付する義務がある控除対象配偶者又は扶養親族、②これらの者を2人以上有する者の均等割

は、条例の定めるところにより軽減することができます。たとえば、新潟市では、市税条例により、新潟市に住所を有する個人で、均等割を納付する義務がある同一生計配偶者又は扶養親族の均等割は300円、これらの者を2人以上5人まで有する者の均等割は600円、これらの者を5人以上有する者の均等割は900円減額するとされています。

**個人住民税の前年の所得に応じて課される部分：所得割**　　所得割とは、前年の所得に対して課されるものをいいます。前年の所得は、前年の所得税の課税標準（税額計算の基礎となる金額）を指します。所得割の標準税率は、10％の比例税率（都道府県4％、市町村・特別区6％。なお、指定都市においては、道府県2％、市町村8％）であり、国税である所得税のように累進税率は採用されていません。また、所得控除には、所得税と同様、基礎控除、配偶者控除、扶養控除等がありますが、所得税の所得控除の額よりは低い額となっており（たとえば、基礎控除は、所得税が48万円であるのに対して、個人住民税は43万円（いずれも納税者の年間の合計所得金額が2400万円以下である場合））、課税最低限は所得税よりも低くなっています。そのため、所得税は応能課税であるのに対して、個人住民税は応益課税であるとされています。

**標準税率以外の税率を採用することができるか**　　個人住民税の税率は標準税率ですので、標準税率以外の税率によることも可能です。平成30（2018）年4月1日現在、都道府県民税では、個人均等割について37団体（宮城県（2700円）、岩手県・山形県・福島県・茨城県・岐阜県・三重県（各2500円）、秋田県・滋賀県・兵庫県（各2300円）、栃木県・群馬県・愛媛県（各2200円）、京都府（2100円）、富山県・石川県・山梨県・長野県・愛知県・奈良県・和歌山県・鳥取県・島根県・岡山県・広島県・山口県・高知県・福岡県・佐賀県・長崎県・熊本県・大分県・宮崎

県・鹿児島県（各2000円）、静岡県（1900円）、神奈川県・大阪府（各1700円））、所得割について１団体（神奈川県（水源環境保全税として0.025％））において、市町村民税・特別区民税では、個人均等割について１団体（横浜市（4400円））、所得割について１団体（豊岡市（6.1％））において、超過課税が実施されています。一方で、名古屋市（均等割3300円、所得割7.7％）、大阪府田尻町（均等割3200円、所得割5.4％）では、標準税率未満の税率を採用しています。

　個人住民税の税率の引き上げは、住民にとって最も身近な負担増であると同時に、場合によっては住民の流出につながることに注意する必要があります。たとえば、財政再生団体である夕張市では、当初個人住民税の超過課税が行われていましたが、人口減が急速に進んだため、平成29（2018）年度以降、財政再生計画の見直しにより超過課税が行われなくなりました。結局のところ、個人住民税の超過課税が歳入増につながるとは必ずしもいえず、個人住民税の税率を引き上げることについては慎重に検討する必要があると思われます。

　**森林環境税と森林環境譲与税の創設の意味**　　現在、個人住民税均等割については、東日本大震災の復興を目的に、平成26（2014）年度から令和5（2023）年度までの10年間、標準税率が1000円（都道府県・市町村・特別区各500円）引き上げられていますが、令和6（2024）年度以降は、これに代わって森林環境税が導入され、標準税率が1000円引き上げられることがすでに決まっています。

　森林環境税は、森林の有する公益的機能の維持増進の重要性に鑑み、市町村及び都道府県が実施する森林の整備及びその促進に関する施策の財源に充てるために課されるもので、全収入が都道府県を通じて国に払い込まれ、森林環境譲与税として都道府県・市町村・特別区に交付され

ます。森林環境譲与税の9割（当初は8割）は市町村・特別区に対して譲与され、間伐や人材育成・担い手の確保、木材利用の促進や普及啓発等の森林整備及びその促進に関する費用に充てられ、都道府県に対して残りの1割（当初は2割）が譲与され、森林整備を実施する市町村・特別区の支援等に関する費用に充てられます。

　なお、森林環境譲与税については、令和5（2023）年度までは暫定的に交付税及び譲与税特別会計における借入れを行うことにより、令和元（2019）年度から譲与されています。

**ほかに課される個人住民税：利子割・配当割・株式等譲渡所得割**

利子割・配当割・株式等譲渡所得割は、いずれも道府県民税のみで課されます。いずれも税率は5％で、源泉分離課税が行われます。また、これらについては、都道府県が一括徴収しますが、5分の3は交付金として都道府県に属する市町村に交付されます。

**ふるさと納税とは何か**　　ふるさと納税は、平成21（2009）年度より始まった制度で、もともと、今は都会に住んでいても、自分を育んでくれた「ふるさと」に、自分の意思で、いくらかでも納税できる制度があってもよいのではないかという思いから始まった制度です。「納税」とは呼ばれていますが、実際は「寄附」であることに注意する必要があります。そのため、使途についても寄附をする側で指定することができます。しかしながら、現在の制度では、寄附先の地方公共団体は自分のふるさとに限らず、自分の選んだ地方公共団体に寄附（ふるさと納税）を行った場合に、寄附額のうち2000円を超える部分について、所得税と住民税から全額が控除されることとされております（一定の上限があります）。たとえば、ふるさと納税を行う本人の給与収入額が600万円で、夫婦（配偶者は収入なし）と子1人（高校生）の場合、自己負担の2000円

を除く全額が69,000円まで控除されます。

　今日問題となっているのは、返礼品の問題です。ふるさと納税を多く集めたい地方公共団体の中には、寄附をする者に対して豪華な返礼品を用意しているところがあります。返礼品はある程度必要かもしれませんが、豪華な返礼品を目当てにふるさと納税を行う者が増えると、当初のふるさとへいくらかでも納税できるようにするという目的がゆがめられることが指摘されてきました。こうした返礼品競争に対しては、平成29（2017）年、平成30（2018）年の２度にわたり、総務大臣通知において良識ある対応が要請されましたが、平成31（2019）年に地方税法が改正され、ふるさと納税の対象団体が告示により指定され、令和元（2019）年６月１日以降、対象団体以外に寄附をした場合には特例控除額が適用されないこととなりました。そして、対象団体の指定の基準として、①寄附金の募集の適正な実施に係る基準として総務大臣が定める基準に適合していることに加え、返礼品の送付を行う地方公共団体については、②返礼品の調達費用が受け入れた寄附金の30％以下であること、②返礼品が当該地方公共団体の区域内において生産された物品又は提供される役務等であること（地場産品であること）が定められました。これらの基準は、すでに総務大臣通知によっても示されていましたが、地方税法で定められることにより、拘束力のあるものとなりました。

　すでに対象団体の告示がされましたが、告示においては、地方税法改正が行われることが示された平成30（2018）年11月以降も継続して「返礼割合３割超」かつ「地場産品以外」の返礼品を提供し、さらに、11月以降に「Amazonギフト券」等の金券類を新たに返礼品に追加して募集を行った団体であって、平成30（2018）年11月から平成31（2019）年３月までの間に、50億円を上回る額を集めた市町（大阪府泉佐野市、静岡

県小山町、和歌山県高野町、佐賀県みやき町）が対象団体から除外され
ました（なお、泉佐野市、高野町、みやき町は、後述の泉佐野市の最高
裁判決後、遡及的に令和元（2019）年 6 月 1 日から令和 2 （2020）年 9
月30日まで、小山町も令和 2 （2020）年 7 月23日から 9 月30日まで対象
団体に指定されており、その後も対象団体に指定されています）。また、
平成30（2018）年11月から平成31（2019）年 3 月までの間に、「返礼割
合 3 割超」又は「地場産品以外」の返礼品を提供することにより、 2 億
円を上回る額を集めた団体については、指定対象期間を 4 か月とされま
した（三条市等）。これらの団体においては、令和元（2019）年 7 月に
再度10月以降の 1 年間の指定を受けるための申出をしてもらうことと
し、新制度下における実際の取組状況等を踏まえ、指定継続の適否を改
めて判断することとされました（なお、これらの地方団体は令和元
（2019）年10月 1 日から令和 2 （2020）年 9 月30日まで対象団体に指定
され、その後も対象団体とされています）。令和 2 （2020）年10月現在、
申出のなかった東京都及び高知県奈半利町を除く全ての道府県・市町村
が対象団体とされています。

　ふるさと納税は、令和元（2019）年度の受入額が約4875億円に上って
おり、都市部から地方へお金の流れを作るという点では一定の成果があ
りました。ただ、一方で、特に都市部においては、本来入るべき住民税
がふるさと納税で流出し、行政サービスに影響が出ていることが指摘さ
れています。また、返礼品が豪華なところにふるさと納税が集中する傾
向もみられ、自分の意思でふるさとに納税するというもともとの趣旨が
ゆがめられているようにもみえます。今後は、返礼品の規制も強化され
ていることに鑑みると、返礼品に頼らずにふるさと納税の受入を増やし
ていくことを考える必要があるでしょう。たとえば、地方公共団体の創

意工夫に共感した者が率先してふるさと納税をできるような仕組み作り（一部の地方公共団体で行われているクラウドファンディング型のふるさと納税は、使途や目標金額が明示されていますので、返礼品目当てではない者も取り込めるでしょう）が必要となるでしょう。また、寄附者に対する事業の進捗状況の情報開示や、寄附者にその地方公共団体と継続的なつながりをもつことができるようにする取り組みも必要になると思われます。

　なお、泉佐野市は、対象団体から外されたことを不服として、国地方係争処理委員会に不服申立てをし、国地方係争処理委員会は総務大臣に対して泉佐野市を対象団体から外した判断を再度検討するよう勧告しました。しかしながら、総務大臣は、泉佐野市を対象団体から外すことを適法であるとして、対象団体から外すことを継続したことから、泉佐野市は、対象団体から外すという決定の取消しを求めて大阪高等裁判所に出訴しました。大阪高裁は、過去のふるさと納税の取り扱い状況から泉佐野市を対象団体から外すことを容認しましたが、泉佐野市は最高裁に上告しました。最高裁は、新制度の施行前は、返礼品の提供で特に法令上の規制は存在せず、新制度が一定の対象期間の寄附金募集実績に関するもので、施行前の過去の実績をもって不適格とすることを予定していると解するのは困難であるとして、泉佐野市を対象団体から外す判断を違法と判断しました（最判令和2年6月30日民集74巻4号800頁）。

## イ　法人住民税

**法人住民税は誰に対して課されるか（納税義務者）**　　法人住民税の納税義務者は、①市町村（道府県）内に事務所又は事業所を有する法人、②市町村（道府県）内に寮、宿泊所、クラブその他これらに類する施設

を有する法人で、当該市町村（道府県）内に事務所又は事業所を有しないものです。このうち、①の納税義務者は、均等割と法人税割の両方の納税義務を負いますが、②の納税義務者は、均等割の納税義務のみを負います。また、②の者に納税義務が課される理由として、寮等の場合、寮等の利用者は通常住民ではなく個人住民税を納めていないことが挙げられます（なお、ここでの寮等には、社員寮や独身寮は含まれず、従業者の宿泊・慰安等に用いられるものを指します）。

　また、国、非課税独立行政法人、国立大学法人等、日本年金機構、都道府県、市町村、特別区、地方独立行政法人、土地改良区、土地区画整理組合等が非課税とされるほか、日本赤十字社、社会福祉法人、宗教法人、学校法人、労働組合、公益社団法人又は公益財団法人で博物館を設置することを主たる目的とするもの又は学術の研究を目的とするもの、政党交付金の交付を受ける政党等に対する法人格の付与に関する法律による政党等は、収益事業を行う場合以外は非課税となります。

　**法人住民税の会費的部分：法人均等割**　　法人住民税も、個人住民税と同様、地域社会への会費的な性格を有することから、均等割（以下、法人住民税における均等割を「法人均等割」といいます）があります。そのため、複数の地方団体に事務所又は事業所を有している場合であっても、その所在する位置の地方団体に対してそれぞれ法人均等割の納税義務を負うことになります（都の場合、特別区では、法人住民税が都税として課されることから、特別区においては、市町村民税の法人均等割、法人税割を合わせた額が都民税の法人割、法人税割となります）。また、法人均等割は、資本金等の額や従業者数により異なります。

　道府県民税の法人均等割は、年額2万円から80万円の範囲で資本金等の額により定められ、市町村民税の法人均等割は、年額5万円から300

万円の範囲で、資本金等の額及び従業員数により定められています。な
お、道府県民税の法人均等割には制限税率が定められていませんが、市
町村民税の法人均等割は、制限税率が1.2倍と定められており、超過課
税が制限されています。

　このように、法人均等割は、地域社会への会費的な性格があるとされ
つつも、個人均等割と異なり、資本金等の額や従業者数の合計数によっ
て大きく異なっていることに特徴があります。

　**法人住民税の法人税額に応じて課される部分：法人税割**　　法人住民
税の法人税割は、法人税額を課税標準として課するもので、税率は、道
府県法人税割が1.0％（制限税率2.0％）、市町村法人税割が6.0％（制限
税率8.4％）となっています。法人が2以上の都道府県あるいは2以上
の市町村に事務所又は事業所を有する場合は、法人均等割と異なり、従
業者数に按分してそれぞれで課税されます。

　**標準税率以外の税率を採用することは可能か**　　平成30（2018）年4
月1日現在、法人均等割については、35都府県と387市町村において、
法人税割については、静岡県を除く46都道府県と996市町村において超
過課税が行われています。超過課税は税収を増やすには有効ですが、企
業誘致を行う際に不利に働くことに注意する必要があります。

　**税収格差を解決するための地方法人税に問題はないか**　　法人住民税
は、次に取り上げる法人事業税とともに地方団体間で税収格差が大きい
ため、平成26（2014）年度改正で、国税として地方法人税が創設されま
した。これは、法人住民税の法人税割を引き下げ、その分国が国税とし
て徴収されるもので、その全額が地方交付税の原資に繰り入れられま
す。当初の税率は法人税額の4.4％でしたが、消費税率の10％への引き
上げと同時に、令和元（2019）年10月1日以後に開始する事業年度につ

いては10.3％に引き上げられました（その分、法人住民税の法人税割の
標準税率及び制限税率が引き下げられました（従前は、標準税率が道府
県3.2％、市町村9.7％、制限税率が道府県4.2％、市町村12.1％））。この
ような地方法人税の税率の引き上げは、地方団体間の税収格差を是正す
ることには役立つ一方、地方団体の課税自主権を奪う側面もあり、後述
する法人事業税における地方法人特別税及び特別法人事業税の是非とと
もにその是非について考えていく必要があるでしょう。

## (2)　事業税

　**事業税とは何か**　　事業税とは、事業に対する道府県税であり、住民
税が道府県との応益関係に着目して経費を負担させようとしている人税
であるのに対して、事業税は事業そのものに対して課税していることか
ら物税であるとされています。事業そのものに対して課税する理由とし
て、事業は地方団体の各種の行政サービスを受益し、また各種の行政
サービスの原因を作り出していることから、住民税とは別にそれに応じ
た負担をすべきであることが挙げられます。事業税には、個人事業税と
法人事業税があります。

### ア　個人事業税

　個人事業税は、個人が行う事業に対して課されるものですが、その対
象は第1種事業、第2種事業、第3種事業に該当する場合に限られます。
　第1種事業とは、物品販売業、保険業、金銭貸付業、不動産貸付業、
製造業、電気供給業、請負業、旅館業、料理店業、飲食店業等を指しま
す。第1種事業を行う個人については、標準税率は不動産所得・事業所
得の5％とされています。第2種事業とは、畜産業、水産業等を指し、

第2種事業を行う個人については、標準税率は事業所得の4％とされています。第3種事業とは、医業、歯科医業、薬剤師業、弁護士業、理美容業等を指し、第3種事業を行う個人については、標準税率は事業所得の5％（一部は3％）とされています。

　以上のように、個人事業税の課税対象は限定列挙で定められていることから、林業等のように列挙されていない事業や新しい形態の事業は、法律又は政令で定められるまでは課税対象とはなりません。なお、事業か否かは、「自己の計算と危険において独立して営まれ、営利性、有償性を有し、かつ反復継続して遂行する意思と社会的地位とが客観的に認められる業務」（最判昭和56年2月24日民集35巻3号672頁）に当たるか否かによって判断されることとなります。

　なお、2以上の都道府県に事務所・事業所を設けて事業を営んでいる場合、所得の総額は主たる事務所・事業所のある都道府県知事が決定し、事務所・事業所の従業者の数により按分されます。

## イ　法人事業税

　**法人事業税は何に対して課されるか（課税標準）**　　法人事業税は、個人事業税と異なり広く事業に対して課税されるものです。

　通常の法人の場合、所得により法人の行う事業に対して課される（これを「所得割」といいます）ことから、事業税の課税標準は各事業年度の所得であり、法人税の課税標準である所得と同じとなり、それゆえ、法人住民税法人税割とも同じということになります。そのため、法人事業税は、法人住民税法人税割とともに「地方法人2税」と呼ばれ、法人の実効税率は、法人税、後に説明する地方法人税、法人住民税とともに法人事業税も含めて計算されます。

　長年の間、一部業種を除いて法人事業税は課税標準を所得割額として課税されてきましたが、平成15（2003）年に新たに外形標準課税の制度が創設され、資本金１億円超の法人は、それまで所得割のみを課税標準として課税されていたのが、所得割のみならず付加価値割、資本割の合算で課税されることとなり、課税標準は、それぞれ各事業年度の付加価値額、資本金等の額、所得となりました。ここでの付加価値額は、各事業年度の報酬給与額、純支払利子、純支払賃借料の合計額（この合計額を「収益配分額」という）と、各事業年度の単年度損益との合計額により算出されます。また、資本金等の額は、概ね各事業年度終了の日における資本金等の額を意味します。

　ほかに、もともと外形標準により課税されていたものとして、電気供給業、一部のガス供給業、保険業、貿易保険業を行う法人は、収入割額に対して課され、課税標準は、電気供給業、ガス供給業については、各事業年度における収入金額から、国又は地方団体から受けるべき補助金、固定資産の売却による収入金額等を控除した金額であり、保険業、貿易保険業については、種類ごとに決められた収入保険料の一定割合の金額となります。これらの業種の法人が収入割額に対して課税される理由として、電気供給業、ガス供給業では、料金が認可制で低く抑えられているため、所得を課税標準としたのでは、事業規模に比較して事業税の負担が少なくなりすぎ、都道府県の公共サービスに応じた税負担を求めることができなくなること、保険業では、所得の計算上、利益の大きなウェイトを占める配当が益金に算入されないこと、契約者配当が事業税の課税標準の計算上損金の額に算入されることから、いずれも所得を課税標準とすると、事業税の負担が少なくなりすぎることが挙げられます。

　なお、所得を事業税の課税標準としている法人についても、事業の情況に応じ、所得と合わせて、資本金額、売上金額、家屋の床面積又は価格、土地の地積又は価格、従業員数等を用いることができるとされています。この制度は、資本金１億円以上の法人について外形標準課税が行われるようになる前から存在しましたが、平成12（2000）年に東京都がいわゆる銀行税条例において一定規模以上の銀行に対して外形標準により課税するまでは活用されていませんでした。

　**法人事業税が課税されない法人（非課税法人）**　　法人事業税の非課税法人として、国のほか、都道府県、市町村、特別区等の公共団体、地方独立行政法人、国立大学法人等、日本年金機構、日本放送協会、日本中央競馬会が挙げられています。また、非課税事業として、林業と鉱物の掘採事業が挙げられています。さらに、日本赤十字社、医療法人、商工会議所、公益社団法人・公益財団法人、一般社団法人・一般財団法人（非営利型法人に限る）、宗教法人、学校法人、弁護士会、労働組合、国民年金基金等については、収益事業を除いて事業税は非課税となります。

　**法人事業税の標準税率はどのように定められているか**　　法人事業税の標準税率は、次のように定められています。

　第１に、資本金１億円超の法人の事業税は、各事業年度の付加価値額の1.2％（付加価値割）、各事業年度の資本金等の額の0.5％（資本割）、各事業年度の所得のうち、年400万円以下の金額について3.5％、年400万円を超え年800万円以下の金額について5.3％、年800万円を超える金額について7.0％の合計額（所得割）により算出されます。

　第２に、資本金１億円以下の法人、公益法人等、投資法人等の事業税の税額は、各事業年度の所得のうち、年400万円以下の金額について

3.5％、年400万円を超え年800万円以下の金額について5.3％、年800万円を超える金額について7.0％の合計額で算出されます。

　第3に、特別法人と呼ばれる農業協同組合等、消費生活協同組合等、信用金庫、商工組合等、漁業協同組合等、医療法人等の事業税の所得割については、軽減税率が採用されています。すなわち、特別法人の事業税は、各事業年度の所得のうち年400万円以下の金額について3.5％、年400万円の金額について4.9％の合計額で算出されます。

　第4に、電気供給業、一部のガス供給業、保険業、貿易保険業を行う法人の事業税の税額は、各事業年度の収入金額の1.0％で算出されます。

**2以上の都道府県に事務所・事業所を設けて事業を行う法人（分割法人）の場合**　　2以上の都道府県において事務所又は事業所を設けて事業を行う法人（分割法人）は、課税標準額の総額を分割基準により関係都道府県ごとに分割し、その分割した額を課税標準として、関係都道府県ごとに事業税額を算定し、これを関係都道府県に申告納付しなければなりません。課税標準額の総額の分割は、たとえば非製造業の法人の場合、課税標準の2分の1を各都道府県に所在する事務所・事業所の数で、2分の1を各都道府県に所在する事務所・事業所の従業者数で行います。

**地方法人特別税・特別法人事業税の問題**　　法人事業税については、平成20（2008）年度改正により、地方税制の抜本的改革までの暫定的措置として地方法人特別税が導入され、法人事業税の税率が下げられる一方、国税として法人事業税を課税標準として地方法人特別税を課されることとなりました。これは、法人事業税の税収の多くが大都市に偏っており、法人事業税の一部を、大都市を包摂する都道府県以外の都道府県（実際には道府県）にも配分することを目的にしたものでした。具体的

　には、もともとの法人事業税の一部を国税である地方法人特別税に置き換え、都道府県が法人事業税と合わせて地方法人特別税を徴収し、地方法人特別税の税収をいったん国に払い込んだうえで、国がその税収を一定の基準に従って、地方法人特別譲与税として都道府県に譲与することとなりました。

　地方法人特別税は、もともと地方法人税の税率引き上げと同時に地方法人税が引き上げられるのと引き換えに廃止され、法人事業税に復元される予定でしたが、結局、令和元（2019）年10月１日以後に開始する事業年度において新たに特別法人事業税が創設され、法人事業税の一部が国税として徴収される状況が継続されました。特別法人事業税の収入額は、全額が特別法人事業譲与税として都道府県に分配されます。

　このように、法人事業税の一部が国税として課税され、譲与税の形で都道府県に譲与することについては、法人事業税の税収格差の是正は役立っているという評価がされる一方で、地方公共団体の課税自主権を奪っているとの指摘がされています。

　**標準税率以外の税率を採用できるか**　法人事業税の標準税率はすでに示したとおりですが、一部都府県（宮城県、東京都、神奈川県、静岡県、愛知県、京都府、大阪府、兵庫県）では、超過課税が行われています（もっとも、中小企業についてはいずれも標準税率で課税されています）。法人事業税の引き上げは、企業誘致で不利に働くおそれがありますので、慎重に行う必要があると思われます。また、超過課税を行った場合であっても、標準税率での課税対象を中小企業以外にも広げることも今後検討する必要があるでしょう。たとえば、大阪府では、いわゆるハートフル税制が導入されており、障がい者の雇用の促進及び職業の安定を図る企業に対しても標準税率で課税されています。

**事業所税とは何か**　　事業所税とは、指定都市等（東京都、指定都市のほか、首都圏整備法・近畿圏整備法による既成都市区域を有する市、人口30万以上の市で政令で指定するもの）が都市環境の整備及び改善に関する事業に要する費用に充てるために課するものです。事業所税は、事業所等において法人又は個人の行う事業に対し、事業所等所在の指定都市等において当該事業を行う者に、事業所の床面積を課税標準として課する資産割額と、従業者の給与総額を課税標準として課する従業者割額の合算額により課されます。事業所税は、法人事業税と同種の租税ですが、法人事業税と異なり、もともと外形標準により課税されていたところに特色があります。事業所税は、公益法人等、人格のない社団等が事業所等において行う事業のうち、収益事業以外の事業に対しては、事業所税を課することができないほか、教育文化施設、公衆浴場、児童福祉施設、診療所等、幅広い事業について非課税としています。なお、事業所等の床面積の合計面積が1000㎡以下である場合には資産割を、事業所等の従業者の数の合計数が100人以下である場合には従業者割を課することができないとされ、外形標準による課税に制限が設けられています。標準税率は、資産割について 1 ㎡あたり600円、従業者割について0.25％です。

## (3)　固定資産税

**固定資産税は何に対して課されるか（課税客体）**　　固定資産税は、固定資産（土地、家屋、償却資産）に対して課される市町村税です（なお、東京都特別区については、都によって課税されます）。土地とは、田、畑、宅地、塩田、鉱泉地、池沼、山林、牧場、原野その他の土地をいい、家屋とは、住家、店舗、工場（発電所及び変電所を含む）、倉庫

その他の建物をいいます。また、償却資産とは、土地及び家屋以外の事業の用に供することができる資産（鉱業権、漁業権、特許権等の無形減価償却資産を除く）で、その減価償却額が所得の計算上損金又は必要経費に算入されるものをいいます。償却資産のうち、納税義務者の有する償却資産の価格の合計額が一定額を超えるものについては、市町村は一定額に対してのみ固定資産税を課することができ、一定額を超える部分については都道府県が固定資産税を課すことになります。

**固定資産税は誰に課されるか（納税義務者）**　固定資産税の納税義務者は、固定資産の所有者です。すなわち、土地・家屋については、登記簿又は土地補充課税台帳もしくは家屋補充課税台帳に所有者として登記又は登録されている者をいいますが、この場合、所有者として登記又は登録されている個人が賦課期日前に死亡しているときとは、賦課期日に当該土地又は家屋を現に所有している者をいうものとされます。このように、地方税法は固定資産税について所有者課税を原則としていますので、近年では所有者不明の土地の問題や死亡者に対する課税の問題が指摘されています。

なお、ここでの所有者は必ずしも真の所有者のみを意味するわけではありません。固定資産の所有者の所在が、震災、風水害、火災等によって不明である場合は、使用者を所有者とみなして、これを固定資産課税台帳に登録し、その者に固定資産税を課することができるとされるほか、国の収納農地、土地区画整理事業の施行土地、公有水面埋立土地等の場合も、使用者を所有者とみなして固定資産税を課すことが認められています。

**固定資産税が課されない場合**　固定資産税が課されない場合（非課税）については、２つに分けて定められています。

　1つは、国及び地方公共団体に対する非課税です。ただし、国や地方公共団体の固定資産であっても、固定資産を所有する国又は地方公共団体以外の者が使用している固定資産、空港の用に供する固定資産等において、一般公衆の利用に供する目的で整備され、専ら一般大衆の利用に供する施設の用に供する固定資産、国有林野に係る土地、発電所・変電所・送電施設の用に供する固定資産等については、国や地方公共団体は、その固定資産所在の市町村に対して、国有資産等所在市町村交付金を交付するとされています。

　今1つは、一定の固定資産についての非課税です。まず、一定の公共性や公益性の強い固定資産は非課税とされており、具体的には、国や地方公共団体が公用又は公共の用に供する固定資産、皇室経済法上の皇位とともに伝わるべき由緒ある物である固定資産、宗教法人の境内建物・境内地、墓地、公共の用に供する道路、公共の用に供する用悪水路・ため池・堤とう等、国宝・重要文化財等、学校法人等が設置する学校において直接保育又は教育の用に供する固定資産等多数のものが定められています。ただし、固定資産を有料で借り受けた者がこれらの固定資産として使用する場合には、非課税とはされません。また、協同組合・共済組合等が所有し、かつ、使用する事務所及び倉庫についても固定資産税は非課税とされています。

　また、これらに加えて、天災その他特別の事情がある場合に固定資産税の減免を必要とすると認める者、貧困により生活のため公私の扶助を受ける者等に限り、条例の定めるところにより、固定資産税を減免することができるとされています。もっとも、減免は、本来は原則通り課税されるべきところ、一定の事由により免除されることを意味しますので、もともとの非課税とは区別する必要があります。

**固定資産税は何に対して課されるか（課税標準）**　固定資産税の課税標準は、賦課期日（毎年1月1日）において固定資産の価格として固定資産課税台帳に登録された価格となります。固定資産のうち、土地・家屋については、原則として3年ごとに評価を行ったうえで価格を決定し（この価格決定を行う年度のことを「基準年度」といいます）、基準年度の翌年度、翌々年度については、①地目の変換、家屋の改築又は損壊その他これらに類する特別の事情が生じた場合、②市町村の廃置分合又は境界変更が行われた場合に、基準年度の固定資産税の課税標準の基礎となった価格によることが不適当であるか、又は当該市町村を通じて固定資産税の課税上著しく均衡を失すると市町村長が認める場合を除いて、原則として基準年度の価格を課税標準として固定資産税が課されます。

　なお、住宅用地については、課税標準は本来の課税標準額の3分の1とされます。また、小規模住宅用地（200㎡以下）は、本来の課税標準額の6分の1とされます。もっとも、この特例があることによって空き家の放置が多いとされたことから、空家等対策の推進に関する特別措置法により、所有者等に対し勧告がされた特定空家（そのまま放置すれば倒壊等著しく保安上危険となるおそれのある状態又は著しく衛生上有害となるおそれのある状態、適切な管理が行われていないことにより著しく景観を損なっている状態その他周辺の生活環境の保全を図るために放置することが不適切である状態にあると認められる空家）等の敷地の用に供されている土地については適用されないとされました。

**固定資産税の税率と免税点**　固定資産税の標準税率は、1.4％で、課税標準が土地について30万円、家屋について20万円、償却資産について150万円に満たない場合には、原則として固定資産税を課すことがで

きません。超過税率は、153市町村で採用されていますが、これらは全てが人口50万未満の市町村となっています。

　**固定資産の評価の問題**　　固定資産税を課するうえで大きな労力を要するのが、固定資産の評価です。固定資産の評価は、原則的に、市町村の特別職の公務員である固定資産評価員が行い、その評価に従って、市町村長が固定資産税の課税標準である固定資産の価格等を決定します。もっとも、固定資産の評価と固定資産の価格決定は全国的に統一して行う必要がありますので、市町村長は、総務大臣が告示の形で定める固定資産評価基準によって固定資産の価格を決定します。また、固定資産課税台帳の登録された価格に不服がある場合は、市町村に設置される固定資産評価審査委員会に対して審査の申出を行うことによって争うこととなります（なお、価格以外について不服がある場合は、通常の審査請求によって争います）。

　このように、固定資産税を課する際には、それぞれの市町村で専門性を持った職員を配置する必要があり、住民税が、所得税・法人税の課税標準をそのまま使えることから市町村長が機械的に課税できるのとは対照的です。今後、固定資産の評価の業務について、一部事務組合を用いるなどして広域的に行うことを検討する必要があると思われます。

　**固定資産税の現状**　　固定資産税は、市町村税の基幹的な税であり、市町村の歳入の41.4％を占めます（平成28（2016）年度決算）。もっとも、固定資産税の税収は、平成11（1999）年度をピークに減少傾向にあり、特に土地にかかる固定資産税の税収は平成11（1999）年度がピークで、平成16年度以降は家屋にかかる固定資産税税収を下回っています。また、町村ほど固定資産税の税収の割合が高くなっています（平成28（2016）年度決算で、大都市38％、市42％、町村50％）。固定資産税の増

収が難しいなか、特に町村では、固定資産税の税収に頼らない制度作りが必要かもしれません。なお、アメリカにおいても、自治体の主要財源は日本の固定資産税に当たる財産税であり、大都市ほど財産税への依存度は低くなっていますので、日本と同様の状況があるといえましょう。

### (4) 地方消費税

**地方消費税とは何か**　　地方消費税は、消費税額を課税標準とする都道府県税であり、皆さんが店で買い物をするとき等に転嫁されている消費税には地方消費税の分も含まれています。令和元（2019）年10月1日からの消費増税により、消費税額の78分の22（消費税率換算で、10％のうち2.2％、軽減税率8％のうち1.76％）となっています。

**地方消費税のしくみ：都道府県間の清算と市町村への交付**　　地方消費税は、消費税と合わせて国が徴収し、各都道府県が受け取った税額から国に対して支払う徴収取扱費を減額した額を、各都道府県ごとの消費に相当する額に応じて按分し、当該按分した額のうち他の都道府県に係る額を、他の都道府県に対し、それぞれ支払うことによって清算します。また、各都道府県は清算を行った後に税収の2分の1を、各都道府県内の市町村・特別区に対して人口・従業者数によって按分して交付されます。

### (5) 法定外税

**法定外税とは何か**　　地方団体は、地方税法で掲げられている税目以外にも、地方税法で掲げられていない税目である法定外税を課税することができます。法定外税には、使途が特定されない法定外普通税と使途が特定される法定外目的税がありますが、いずれも総務大臣との協議、

総務大臣の同意を得た場合に新設・変更することができます。平成11 (1999) 年の地方分権改革前は、法定外普通税についてのみ自治大臣（現総務大臣）の許可があるときのみ新設・変更することができるとされており、法定外目的税は新設・変更できなかったのに比べて、地方分権改革により法定外税の新設・変更の範囲は広がったといえます。

**総務大臣はどのような場合に法定外税の新設・変更を同意できるか**　法定外税の新設・変更に係る総務大臣の同意の要件について、地方税法は、①国税又は他の地方税と課税標準を同じくし、かつ、住民の負担が著しく過重となること、②地方団体間における物の流通に重大な障害を与えること、③ ①②のほか、国の経済施策に照らして適当でないことのいずれかがあると総務大臣が認める場合以外は、法定外税の新設・変更に同意しなければならないと定めています。

**法定外税は現在どのようなものがあるか**　　令和2 (2020) 年4月現在、次のような法定外税があります。

まず、法定外普通税は、都道府県においては、石油価格調整税（沖縄県）、核燃料税（福井県、愛媛県、佐賀県、島根県、静岡県、鹿児島県、宮城県、新潟県、北海道、石川県）、核燃料等取扱税（茨城県）、核燃料物質等取扱税（青森県）、市町村・特別区においては、別荘等所有税（静岡県熱海市）、砂利採取税（神奈川県山北町）、歴史と文化の環境税（福岡県太宰府市）、使用済核燃料税（鹿児島県薩摩川内市、愛媛県伊方町）、狭小住戸集合住宅税（東京都豊島区）、空港連絡橋利用税（大阪府泉佐野市）があります。

また、法定外目的税は、道府県においては、産業廃棄物税等（三重県、鳥取県、岡山県、広島県、青森県、岩手県、秋田県、滋賀県、奈良県、新潟県、山口県、宮城県、京都府、島根県、福岡県、佐賀県、長崎県、

大分県、鹿児島県、宮崎県、熊本県、福島県、愛知県、沖縄県、北海道、山形県、愛媛県）、宿泊税（東京都、大阪府、福岡県）、乗鞍環境保全税（岐阜県）、市町村においては、遊漁税（山梨県富士河口湖町）、環境未来税（福岡県北九州市）、使用済核燃料税（柏崎市、佐賀県玄海町）、環境協力税等（沖縄県伊是名村、沖縄県伊平屋村、沖縄県渡嘉敷村、沖縄県座間味村）、開発事業等緑化負担税（大阪府箕面市）、宿泊税（京都市、金沢市、北海道倶知安町、福岡市、北九州市）があります。

　なお、法定外税の平成30（2018）年度決算額は651億円（地方税収入に占める割合は0.16％）となっており、微増傾向にはありますが、法定外税の地方税収入に占める割合はわずかであるのが現状です。

　**法定外税を新設することは難しいか**　　法定外税は、前述の3要件のいずれかがあると総務大臣が認めるとき以外は同意するものとされていますが、実際には法定外税が認められないケースが散見されます。その1つが、神奈川県臨時特例企業税事件です。

　神奈川県は、平成13（2001）年に資本金等の額が5億円以上の法人の事業活動に対して、法定外普通税として臨時特例企業税を課すこととしました。臨時特例企業税の課税標準は、法人の事業税の課税標準である所得の金額の計算上、繰越控除欠損金額を損金の額に算入しないものとして計算した場合の所得の金額に相当する金額であり、税率は課税標準額の2％（一部法人以外の平成16（2004）年3月31日以前に開始した課税事業年度分の税率は3％）とされていました。当時、法人事業税には外形標準課税の制度はなく、法人に所得がない場合には、電力事業等外形標準課税が行われていた業種以外においては、法人事業税が課されませんでした。そのため、事業が行われているにもかかわらず、事業に対して課税する法人事業税が課されないことに批判がされていました。そ

こで、神奈川県は、繰越欠損金により所得がない状況となっている法人に対して、本来ならば損金に算入される繰越控除額を損金に算入せずに課税しようとしたわけです。

　最高裁は、臨時特例企業税について、「各事業年度の所得の金額の計算につき欠損金の繰越控除を実質的に一部排除する効果を生ずる内容のものであり、各事業年度間の所得の金額と欠損金額の平準化を図り法人の税負担をできるだけ均等化して公平な課税を行うという趣旨、目的から欠損金の繰越控除の必要的な適用を定める〔地方税〕法の規定との関係において、その趣旨、目的に反し、その効果を阻害する内容のものであって、法人事業税に関する同法の強行規定と矛盾抵触するものとして」地方税法に違反するとし、臨時特例企業税を違法、無効であると判示しました（最判平成25年3月21日民集67巻3号438頁）。

　最高裁は、法人事業税が課税標準とする所得割の額が、各事業年度の益金の額から損金の額を控除したもの、すなわち法人税法における法人の所得と同じであり、法定外税であれ、損金に算入される繰越控除額を損金の対象から外すと、法人事業税の課税標準である所得割の額は、法人税の課税標準である所得の計算の例により算定するとする定めから逸脱することを重視したものと思われます。このような判断は、法定外税において繰越控除額を排除した所得に対して課税することを認めた控訴審判決（東京高判平成22年2月25日判時2074号32頁）とは対照的なものでしたが、少なくとも最高裁は、法定外税であっても、地方税法の定めるところを変更することを内容とする法定外税は認められないことを明確にした点で注目されます。ただ、この考え方を徹底すると、結局法定外税で認められるのは、地方税法の定めるところを変更する必要のないもの、あるいはそもそも地方税法に規定のないものに限定されることと

なり、税収を増やす手段として法定外税に期待することは難しくなると
思われます。

# ‖　Ⅲ　地方交付税の現状と課題　‖

## 1　地方交付税の目的と地方交付税の総額決定の仕組み

**地方交付税の目的とは何か**　　地方公共団体において、財政需要が地方税により賄われるに越したことはありませんが、現実には、地方税の税収は地方公共団体間で偏りがあり、地方公共団体間での調整が必要になります。その調整の仕組みとして大きな役割を担っているのが地方交付税です。国の説明によると、地方交付税は、本来地方の税収入とすべきであるが、団体間の財源の不均衡を調整し、全ての地方団体が一定の水準を維持し得るよう財源を保障する見地から、国税として国が代わって徴収し、一定の合理的な基準によって再配分する、いわば「国が地方に代わって徴収する地方税である」と位置づけられています（総務省ホームページ）。地方交付税法は、「地方団体が自主的にその財産を管理し、事務を処理し、及び行政を執行する権能をそこなわずに、その財源の均衡化を図り、及び地方交付税の交付の基準の設定を通じて地方行政の計画的な運営を保障することによつて、地方自治の本旨の実現に資するとともに、地方団体の独立性を強化することを目的とする」（1条）と定めており、地方交付税の目的として、地方団体間の財源の均衡化と地方行政の計画的な運営の保障をうたっています。また、国庫支出金と異なり、使途が特定されないところに特色があります（なお、地方交付税法での「地方団体」は、都道府県及び市町村を指します。なお、東京都特別区の存する区域については、市町村として地方交付税を算出するとされています）。

**地方交付税の総額はどのように決定されるか**　　地方交付税は、総務

大臣が、財政需要額が財政収入額を超える地方団体に対し、衡平にその超過額を補てんすることを目途として交付しなければならないとされます。その際、いったん「交付税及び譲与税配付金特別会計」に入れられたうえで、各地方団体に交付されます。そのため、地方交付税の交付の主導権はあくまでも国側にあります。なお、地方交付税の総額は、所得税・法人税の収入額のそれぞれの33.1%、酒税の収入額の50%、消費税の収入額の20.8%、地方法人税の収入額の全額を合算した額とされていることから、特に不景気により国の税収が少ないときは、地方交付税の額も少なくなります。

## 2 普通交付税

　地方交付税は、普通交付税と特別交付税に分かれ、交付税総額の94%が普通交付税、6%が特別交付税となります。

　**普通交付税とは何か**　　各地方団体に対して交付される普通交付税は、基準財政需要額が基準財政収入額を超える額（財源不足額）とされます。ただし、各地方団体の財源不足額の総額が普通交付税の総額を超える場合は、総額を超える分について按分のうえ減額されます。

　**基準財政需要額はどのように算定するか**　　基準財政需要額とは、測定単位の数値を補正し、これを単位費用に乗じて得た額を合算した額とされます。すなわち、「単位費用×測定単位×補正係数」によって求められます。測定単位は、経費の種類ごとに細かく定められており、都道府県においては、警察費、土木費、教育費、厚生労働費、産業経済費、総務費、災害復旧費等について、市区町村においては、消防費、土木費、教育費、厚生費、産業経済費、総務費、災害復旧費、辺地対策事業債償還費等について定められています。たとえば、都道府県においては、警

察費は、警察職員数により、土木費は、道路橋りょう費について道路の
面積・道路の延長により、河川費について河川の延長により、教育費は、
小学校費・中学校費について教職員数により、高等学校費について教職
員数・生徒数により、厚生労働費は、生活保護費について町村部人口に
より、社会福祉費・衛生費について人口により求められますし、市町村
においては、土木費は、公園費について人口と都市公園の面積により、
下水道費について人口により、教育費は、小学校費・中学校費について、
児童・生徒数、学級数、学校数により算定されます。また、これらの個
別算定経費とは別に、新型交付税といわれる包括算定経費が、都道府
県・市区町村の人口・面積によって算出されます。この包括算定経費
は、平成19（2007）年改正により導入されたもので、その際、個別算定
経費の算定項目も3割削減されました。なお、平成19（2007）年改正で
は、離島、過疎など真に配慮が必要な地方団体に対応する仕組みを確保
するために、「地域振興費」が新たな算定項目として創設されました。
　そのうえで、個別算定経費の算定項目にある面積、高等学校の生徒数
等、種別があり種別ごとに単位当たりの費用に差があるものについて補
正が行われる（種別補正）ほか、種別補正された費用や他の測定単位の
数値についても、人口その他測定単位の数値の多少による段階（段階補
正）、人口密度・道路1km当たりの自動車台数その他これらに類するも
の（密度補正）、地方団体の態容（態容補正）、寒冷度・積雪度（寒冷補
正）により補正されます。また、ほかにも、数値急増補正・数値急減補
正、合併補正、財政力補正があります。
　**基準財政収入額はどのように算定するか**　　基準財政収入額とは、都
道府県においては、基準税率により算定した普通税の収入見込額（法定
外普通税を除く）及び一定の交付金、地方譲与税の収入見込額の合算額

となります。なお、一定の交付金、地方譲与税とは、都道府県では、都道府県から市町村に一定額交付される普通税（利子割、配当割、株式等譲渡所得割、地方消費税、ゴルフ場利用税、自動車取得税（令和元（2019）年10月１日廃止）、軽油引取税、環境性能割（令和元（2019）年10月１日より自動車取得税に代わって新設））のそれぞれについて、基準税率により算出した収入見込額から市町村に対する交付額の75％を控除した額、及び市町村から都道府県に一定額交付することとされている市町村たばこ税の収入見込額の75％、地方揮発油譲与税・石油ガス譲与税・航空機燃料譲与税の収入見込額、基準率により算出した国有資産等所在都道府県交付金の収入見込額とされます。また、市町村においては、都道府県から市町村に交付される利子割交付金、配当割交付金、株式等所得割交付金、地方消費税交付金、ゴルフ場利用税交付金、自動車取得税交付金、環境性能割交付金それぞれの収入見込額の75％、地方揮発油譲与税・特別とん譲与税・自動車重量譲与税・航空機燃料譲与税の収入見込額、基準率により算定した国有資産等所在市町村交付金の収入見込額とされます。

　なお、基準税率とは、都道府県税・市区町村税ともに標準税率（標準税率のない地方税については一定税率）の75％を指し、基準率とは、都道府県・市区町村とも交付金算定標準額である固定資産の価格の1.4％の75％を指します。つまり、基準財政収入額は、地方公共団体が得るべき標準的な収入額の75％に見積もられます。残りの25％の部分は、「留保財源」と呼ばれています。このように基準財政収入額を少なめに算出する理由は、「地方団体の自主性、独立性を保障し、自主財源である地方税の税源かん養に対する意欲を失わせないようにするため」と説明されています。もっとも、留保財源が増えると、結局は地方団体間の税源

格差が是正されませんので、現在、個人住民税の税源移譲相当額、地方消費税、地方譲与税については各収入見込額の100％として基準財政収入額を算出しています。

## 3　特別交付税

　特別交付税は、①普通交付税を算定する際に用いられる基準財政需要額の算定方法では捕捉されなかった特別の財政需要があること、②基準財政収入額のうちに著しく過大に算定された財政収入があること、③交付税の額の算定期日後に生じた災害等のため特別の財政需要があり、または財政収入の減少があるなどの事情があることにより、普通交付税の額が財政需要に比して過少であると認められる地方団体に対して交付されるものです。たとえば、地震、台風等の災害により地方団体に新たな財政需要が生まれた場合や、除排雪関連経費が普通交付税の基準財政需要額算定の際に見積もられた経費を超えた場合に交付されます。ただ、特別交付税に関する省令をみると、こうした突発的に必要となる経費に限らず、さまざまな経費が特別交付税の算定の基礎として掲げられていることに注意する必要があります。

## 4　地方財政計画

　**地方財政計画とは何か**　　地方交付税の総額は、地方交付税法により定められている国税の一定割合によって決められますが、これとは別に地方交付税の総額は地方財政計画により決定されます。

　地方交付税法によると、内閣は、翌年度の地方団体の歳入歳出総額の見込額に関する書類を作成し、これを国会に提出するとともに、一般に公表しなければならないとされ、具体的には、地方団体の歳入総額の見

込額及びその内訳（各税目ごとの課税標準額・税率・調定見込額及び徴収見込額、使用料及び手数料、起債額、国庫支出金、雑収入）と、地方団体の歳出総額の見込額及びその内訳（歳出の種類ごとの総額及び前年度に対する増減額、国庫支出金に基づく経費の総額、地方債の利子及び元金償還金）を示すものとされます。この書類が、「地方財政計画」として公表されるものです。地方財政計画においては、歳出において給与関係経費、一般行政経費、投資的経費等を算出したうえで、歳入における地方税収の見込額、地方債の見込額、国庫支出金、その他収入の合計を差し引いたものが地方交付税で必要とされる分とされています。

**地方交付税の不足分の穴埋めとしての臨時財政対策債**　もっとも、地方交付税で必要とされる分は、通常は地方交付税法の定めるところにより算出される地方交付税の額のみでは賄うことができません。そこで、残りの部分は、臨時財政対策債を発行することにより埋められています。臨時財政対策債は、平成13（2001）年度より地方交付税の不足分の穴埋めとして発行されているもので、当初は平成15（2003）年度までの時限措置とされていましたが、現在まで引き続き発行されています。臨時財政対策債は、元利償還金（返すべき元本の額と利息の額）が翌年度以降の基準財政需要額に全額算入されます。平成31（2019）年度地方財政計画では、地方交付税の総額は約16.2兆円ですが、臨時財政対策債が約3.3兆円発行されることとされています（もっとも、平成30（2018）年度は約4兆円発行されたのに比べて減少しています）。

## 5　地方交付税の問題

地方交付税は、交付された地方団体において使途に制限がなく、地方団体間の財源の均衡化にある程度役割を果たしていると思われますが、

なお次のような問題が指摘できます。

　**算定方法の複雑化**　　まず指摘すべきは、各地方団体の地方交付税を算定するうえで必要とされる基準財政需要額と基準財政収入額の算定方法が極めて複雑なことです。特に基準財政需要額の算定においては、すでにみたように、平成19（2007）年改正で個別算定項目の数が削減されたとはいえ、依然として細かく定められており、また測定単位の補正が行われることとされています。これに対して、平成19（2007）年改正で創設された人口と面積で算定される包括算定項目は、地方団体にとって予測可能性が高い反面、同時に創設された地域振興費によって各地方団体の行政需要を的確に捉えきれるかに注意する必要があります。

　**留保財源の問題**　　基準財政収入額の算定においては、留保財源の問題があります。留保財源はすでに述べたように、地方団体の財政運営の自主性を尊重するためにありますが、現実には留保財源があるために、基準財政収入額が少なめに見積もられ、普通交付税が必要とされるよりも多く交付されますので、逆に税源かん養に対する意欲を失わせないという目的に反して、税源かん養に努めない地方団体が出現し、かえって地方団体間で財政格差が大きくなる可能性があることに注意する必要があります。一方で、個人住民税の税源移譲額や地方消費税は収入見込額に100％見積もられており、地方団体間の財政格差が大きくならないように配慮されています。

　留保財源が多いことは、普通交付税の不交付団体が少ないことにもつながっています。令和元（2019）年度において、都道府県では東京都のみですし、市町村でも85団体にすぎません。市町村の不交付団体は、東京都・神奈川県・千葉県・愛知県の市町村に多いほか、産業が盛んな市町村や原発立地市町村（北海道泊村、青森県六ヶ所村、宮城県女川町、

茨城県東海村、新潟県刈羽村、福井県高浜町、福井県おおい町）に限られています。留保財源の存在が、地方交付税の目的である地方団体間の財源の均衡化に役立っているかについて、今一度検討する必要があると思われます。

**政策誘導の手段として用いられる可能性**　基準財政需要額や基準財政収入額の算定の際に、一種の政策誘導の仕組みが組み込まれることがあることにも注意する必要があります。たとえば、地方財政計画の中で、平成27年度より、地方団体が自主性・主体性を最大限発揮して地方創生に取り組み、地域の実情に応じたきめ細かな施策を可能にする観点から、「まち・ひと・しごと創生事業費」の確保がうたわれており、この中にある地域の元気創造事業費、人口減少等特別対策事業費については、一定額基準財政需要額に加算されることとされていますが、これらはまさに地方創生という政策目的を実現する手段として位置づけられています。また、歳出の効率化を推進する観点から、民間委託等の業務改革を実施している地方団体の経費水準を地方交付税の基準財政需要額の算定に反映し、基準財政需要額の減額が行われていることにも注意する必要があるでしょう。

　従来から多く用いられてきたのが、地方債の元利償還金の全部又は一部を基準財政需要額に算入することです。たとえば、平成の大合併の際に発行された合併特例債は、その元利償還金の70％について普通交付税の基準財政需要額に算入されています。このような基準財政需要額に元利償還金の全部又は一部が算入される地方債の発行は、地方交付税が本来の目的からかけ離れた政策誘導のために用いられるものであり、抑制される必要があるでしょう。

**地方交付税の減額の可能性の存在**　地方交付税法は、法律等により

　義務づけられた規模と内容とを備えることを怠り、一定の行政水準を保っていない地方団体に対して、関係行政機関が勧告を行ったうえで、地方交付税の額を減額することができる制度を用意しています。そして、地方団体が勧告に従わない場合、関係行政機関が、総務大臣に対し、当該地方団体に対する交付税の額の全部もしくは一部を減額し、又はすでに交付した交付税の全部もしくは一部を返還させることを請求することができ、総務大臣は、この請求があるときは、当該地方団体の弁明を聞いたうえ、災害その他やむを得ない事由があると認められる場合を除き、当該地方団体に対し交付すべき交付税の額の全部もしくは一部を減額し、又はすでに交付した交付税の全部もしくは一部を返還させなければならないとされています。また、地方財政法においても、地方公共団体が法令の規定に違背して著しく多額の経費を支出し、又は確保すべき収入の徴収等を怠った場合に、総務大臣は、地方財政審議会の意見を聴いたうえで、当該地方公共団体に対して交付すべき地方交付税の額を減額し、又はすでに交付した地方交付税の額の一部の返還を命ずることができる旨の定めが置かれています。

　このような規定については、総務大臣の裁量権を広げるものであり、こうした減額・返還請求が地方団体に対する制裁として用いられると、自治財政権が不当に侵害されることに注意する必要があります。最近では、平成30（2018）年度のふるさと納税収入が極めて多額となる４団体（大阪府泉佐野市など）に対して、災害分以外について特別交付金を交付しないこととされましたが、この措置は当該年度限りの省令を定めることによって行われており、地方団体にとって不意打ち的なものであったことは否定できないと思われます。

# Ⅳ　国庫補助負担金の現状と課題

　**国庫補助負担金にはどのようなものがあるか**　地方交付税と異な
り、国から地方公共団体に移転される財源で使途が特定されたものを国
庫補助負担金といいます。国庫補助負担金には、国庫負担金と国庫補助
金があります。

　国庫負担金とは、地方公共団体の事務であるにもかかわらず、国にも
利害関係があるため、国が分担するのが当然とされるものについて、国
が割り勘的に経費を分担するもので、普通国庫負担金（義務教育教員の
給与に要する経費、義務教育諸学校の建物の建築に要する経費、生活保
護に要する経費、感染病予防に要する経費、児童手当に要する経費等）、
建設事業国庫負担金（道路、河川、砂防、海岸、港湾等に係る重要な土
木施設の新設及び改良に要する経費等）、災害事務国庫負担金（災害救
助事業に要する経費、道路、河川、砂防、海岸、港湾等に係る土木施設
の災害復旧事業に要する経費等）の３種類があります。これらの経費の
種目、算定基準、国と地方公共団体とが負担すべき割合は、法律又は政
令で定めなければならないとされています。また、ほかに国は、地方公
共団体が負担する義務を負わない経費（国会議員の選挙、最高裁判所裁
判官国民審査及び国民投票に要する経費、国が専らその用に供すること
を目的として行う統計及び調査に要する経費等）を負担するとされてい
ます（この負担金を特に「国庫委託金」といいます）。

　国庫補助金とは、国の施策を行うため特別の必要があると認めるとき
や、地方公共団体の財政上特別の必要があると認めるときに限り、交付
されるもので、前者は「奨励的補助金」、後者は「財政援助補助金」と

呼ばれます。

　**国庫補助負担金はどのように見直されたか**　　国庫委託金以外の国庫
補助負担金については、平成 9（1997）年の地方分権推進委員会第二次
勧告において、①国庫補助負担金の交付により、国と地方公共団体の責
任の所在の不明確化を招きやすいこと、②国庫補助負担金の交付を通じ
た各省庁の関与が、地方公共団体の地域の知恵や創意を生かした自主的
な行財政運営を阻害しがちであること、③国庫補助負担金の細部にわた
る補助条件や煩雑な交付手続等が、行政の簡素・効率化や財政資金の効
率的な使用を妨げる要因となっていることが弊害として指摘されまし
た。そして、基本的な改革の方向として、①国庫補助負担金の整理合理
化、②存続する国庫補助負担金の運用、関与の改革、③地方税、地方交
付税等の地方一般財源の充実確保が示されました。

　このことを踏まえ、平成16（2004）年度から18（2006）年度までの間、
三位一体改革が行われ、税源移譲、地方交付税の見直しとともに国庫補
助負担金の改革が行われることとなりました。特に、国庫補助負担金に
ついては、 3 兆円規模の税源移譲とセットにして 4 兆円規模の廃止・縮
小が行われました。また、国庫補助金は使途が特定されていることか
ら、平成22年度以降、補助金の一括交付金化が進められ、地方公共団体
が自由に使えるようにされました。特に平成23（2011）年度以降は、そ
れまであった補助金・交付金を内閣府が一括して予算化して「地域自主
戦略交付金」が創設されましたが、平成25（2013）年度に廃止され、平
成28（2016）年度より「地方創生推進交付金」が創設されました。これ
は、自治体の自主的・主体的な取組で、先導的なものを支援するために
創設されたもので、地域再生法に基づく地域再生計画が内閣総理大臣の
認定を受けた場合に、交付されるものです。地方創生推進交付金は、

KPI（具体的な成果目標）の設定とPDCAサイクルを組み込み、従来の「縦割り」事業を超えた取り組みを支援するところに特色があります。もっとも、こうした効果検証手続が組み込まれることにより、地方公共団体が萎縮する可能性があることに注意する必要があると思われます。

　**超過負担の問題とは何か**　　国庫補助負担金の問題として古くから指摘されてきたのが超過負担の問題です。超過負担は、特に国庫負担金において国の経費の算定が過小であるために、地方公共団体が結果的に想定されているよりも過大に経費を負担することによって生じます。

　超過負担の問題が注目された事件が、摂津訴訟です。大阪府摂津市は、４か所の保育所を設置し、設備費用として約9300万円を支出しましたが、本来２分の１を国が負担するべきであるにもかかわらず、国は約250万円しか交付しなかったことから、国を相手に超過負担分の支払いを求めました。摂津市は、行政指導により補助金の交付申請を妨げられたため、交付決定を待たずして裁判による救済を求めました。１審（東京地判昭和51年12月13日行集27巻11=12号1790頁）、控訴審（東京高判昭和55年７月28日行集31巻７号1558頁）とも、補助金等の具体的請求権は発生していないとして請求を棄却しました。この事件では、摂津市は敗訴しましたが、超過負担の問題が明るみに出た点で大きな意義がありました。

# Ⅴ　地方債の現状と課題

　**地方債の発行は自由にできるか**　　地方公共団体が発行する債券を地方債と呼びます。

　国について、財政法は、公共事業費、出資金、貸付金の財源についてのみ国債（財政法上は「公債」といいます）により賄うことができるとしており、「建設国債」のみ発行することができるとされています（4条1項）。そのため、公共事業費以外の歳出に充てる資金を調達することを目的として毎年のように発行されている特例公債（いわゆる赤字国債のことを指します）は、あくまでも、毎年度「財政運営に必要な財源の確保を図るための公債の発行の特例に関する法律」により例外的に発行されているにすぎません。

　地方財政法においても、同様に原則的には、地方公共団体の歳出は、地方債以外の歳入をもって、その財源としなければならないとされており、地方債により賄うことができる場合は、①交通事業、ガス事業、水道事業その他地方公共団体の行う企業に要する経費の財源とする場合、②出資金及び貸付金の財源とする場合、③地方債の借り換えのために要する経費の財源とする場合、④災害応急事業費、災害復旧事業費及び災害救助事業費の財源とする場合、⑤学校その他の文教施設、保育所その他の厚生施設、消防施設、道路、河川、港湾その他の土木施設等の公共施設又は公用施設の建設事業費、公共用もしくは公用に供する土地又はその代替地としてあらかじめ取得する土地の購入費の財源とする場合に限定されており、建設地方債の原則がうたわれています。

　**許可制から協議制へ**　　地方債の発行については、平成11（1999）年

の地方分権一括法による改正前は、総務大臣の許可が必要とされており、いわゆる起債許可制がとられていましたが、地方分権一括法により、起債許可制が原則として廃止され、協議制とされました。すなわち、地方債を発行するときには、都道府県・指定都市は総務大臣と、指定都市を除く市区町村は都道府県知事と協議を行ったうえで、同意を得た公的資金を借り入れることができるとされます。この同意の基準は、総務大臣が毎年度、政令で定めるところにより、基準を定め、また地方債の予定額の総額その他政令で定める事項に関する書類を作成し、これらを公表するものとするとされています。この書類は「地方債計画」と呼ばれます。なお、総務大臣又は都道府県知事の同意がなくても地方債の発行は可能です。その場合は、当該地方公共団体の長は、その旨をあらかじめ議会に報告しなければなりません。

**協議制はどのような場合に適用されないか**　以上が地方債発行の際に必要とされる手続の原則ですが、次の地方公共団体については、例外が設けられています。

第1は、財政状況が一定の基準を満たす地方公共団体が一定の地方債を発行する際は、事前届出制がとられていることです。すなわち、実質公債費比率（一般会計等が負担する元利償還金、準元利償還金の標準財政規模に対する比率）が18％未満の地方公共団体（実質赤字額（前年度の歳入が歳出に不足するため当該年度の歳入を繰り上げて充てた額）、連結実質赤字比率（一般会計及び公営企業等の特別会計全ての会計を対象とした実質赤字の標準財政規模に対する比率）が0を超える団体、将来負担比率（将来負担すべき実質的な負債の標準財政規模に対する比率）が都道府県及び指定都市の場合は400％、指定都市を除く市区町村の場合は350％を超える団体は除く）については、原則として、民間等

資金債等の起債にかかる協議を不要とされ、事前に届け出ることにより
起債ができる事前届出制がとられています。

　これは、平成24（2012）年度改正により導入されたもので、当初は民
間等資金債（市場公募資金、銀行引受資金を引受先とするもの）のみが
対象でしたが、平成28（2016）年度改正により対象の地方債が一部の公
的資金債にも拡大されました。そのため、平成29（2017）年度決算にお
いて、実質公債費比率が18％を下回る地方公共団体は、都道府県が46団
体、指定都市が20団体中20団体、市区が794団体中786団体、町村が927
団体中922団体であり、現在ほとんどの地方公共団体は、民間等資金等
を引受先とする地方債の発行を事前届出によって行うことが可能となっ
ています。逆にいえば、これらの地方公共団体においては、本則通り協
議制がとられるのは公的資金債（財政投融資資金及び地方公共団体金融機
構資金を引受先とするもの）を発行する場合のみとなります。一方で、
公的資金債の発行について協議性が維持される理由としては、資金量が
有限であり、貸し出しの段階で配分調整をする必要があることが挙げら
れます。令和元（2019）年度地方債計画によると、地方債の総額は約12
兆円であり、そのうち公的資金債は約4.8兆円にすぎず、残りは民間等
資金債等が占めています。

　第2は、次の地方公共団体が地方債を発行する際は、総務大臣又は都
道府県知事の許可が必要なことです。すなわち、①実質赤字額が標準財
政規模の40分の1（標準財政規模の額により異なります）以上である地
方公共団体、②実質公債費比率が18％以上である地方公共団体、③地方
債の元利償還金の支払いを遅延している地方公共団体、④過去に地方債
の元利償還金の支払いを遅延したことがある地方公共団体のうち、将来
において地方債の元利償還金の支払いを遅延するおそれのあるものとし

て総務大臣が指定したもの、⑤協議、届出、許可なしに、地方債を発行した地方公共団体のうち、総務大臣が指定したもの、⑥協議、届出、許可に関する書類に虚偽の記載をすることその他不正の行為をした地方公共団体のうち、総務大臣が指定したもの、⑦一定の普通税の税率のいずれかが標準税率未満である地方公共団体については、地方債の発行の際に総務大臣の許可が必要とされます。特に⑦については、かつては一定の普通税の税率が標準税率未満である地方団体については、そもそも総務大臣の許可が出されませんでしたが、現在は総務大臣の許可が出される可能性が残されています。現在、北海道夕張市のみが地方債発行時に許可が必要とされています。

　**地方債はなぜ信用されるか**　地方債について、総務省は、①地方税・地方交付税による地方債の元利償還に対する財源保障、②早期是正措置としての起債許可制度、③地方公共団体の財政の健全化に関する法律の施行により、安全性が保証されていると説明しています。少なくとも、これまで日本の地方債は債務不履行（デフォルト）に陥ったことはなく、破産法も適用されませんので、元利償還金の全額が償還されることが予定されています。しかしながら、こうした国の管理を地方債の信用の源泉としている現状を今後維持するのが適当であるかについて、次の点に注目して改めて検討する必要があると思われます。

　第1に、近年、地方債の市場公募が拡大しているという状況があることです。平成29（2017）年度においては、地方債の発行額約11.6兆円に対して、約3.8兆円にのぼり、その占める割合は最大となりました。市場公募債は、すでにみたように多くの地方公共団体において事前届出により発行することが可能ですが、実際には、一部の都道府県と全ての指定都市のみ（平成29（2017）年度現在55団体）が全国型市場公募地方債

を発行し、そのうちの一部団体（同36団体）が、連帯債務を負う方式で共同発行を行っており（「共同発行市場公募債」と呼ばれます）、市場公募債は、大規模地方公共団体によってのみ発行されているのが現状です。一方、小規模地方公共団体にとっては、単独で市場公募債を発行するには調達コストが高く、金利の変動も大きいことから、小規模地方公共団体に対しては、地方公共団体金融機構法により設立された地方公共団体が全額出資の地方公共団体金融機構により、地方公共団体金融機構債（地方金融機構債）が発行されています。地方金融機構債は、市場公募債ではなく公的資金債の1つとして位置づけられていますので、事前届出制の対象から外されています。そのため、現状では、市場公募債が拡大しているのは大規模地方公共団体に限られています。今後、地方公共団体の自治財政権をより強固なものとするうえで、市場公募債のさらなる拡大について検討する必要があるでしょう。

　第2に、地方債が債務不履行に陥らないという前提が、地方債の市場公募の拡大と両立しない可能性があることです。市場公募債の額は、地方債計画において定められていますが、市場公募債の元利償還金は基準財政需要額には算入されません。そのため、市場公募債については、発行体であるそれぞれの地方公共団体が保証することとなりますが、その保証の根拠は、結局のところ、地方公共団体が財源不足に陥ったときに常に増税をすることにより税収を上げることができるということに求められます。ただ、増税をすることに限界があるということになれば、債務不履行に陥る可能性がないとはいえなくなります。

　このことに対する1つの解決手段は、アメリカ合衆国の一部の州で認められているように、自治体の申立てにより裁判所が債務調整計画を認可することにより、債務調整を制度上認め、地方債が債務不履行に陥る

可能性があることを認めることです。もっとも、このような制度をわが国が取り入れ、地方債が債務不履行となる可能性を認めると、地方債の信用力が下がりますから、一部の地方公共団体の資金調達が確実に困難になることが容易に想像されます。そのため、現状では、地方債の債務不履行の可能性を認めることは、わが国ではなかなか受け入れられないように思われます。

　今1つの解決手段は、わが国の地方公共団体の財政の健全化に関する法律（地方公共団体財政健全化法）のように、制度的に地方公共団体の信用を保証することです。この場合、債務調整が行われませんので、債務不履行が生じることはありませんが、財政再生団体となった場合には償還すべき債務が膨大になりますので、地方公共団体の再出発の足かせになる可能性があります。たとえば、地方公共団体財政健全化法により財政再生団体とされる北海道夕張市は、財政再生計画において平成21（2009）年度から21年間（約322億円の再生振替特例債の返済は17年間）で財政の健全化を行うとされ、現在粛々と進められているようにみえますが、人口の急激な減少や高齢化が想定以上に進んでいます。夕張市の場合は、地方公共団体財政健全化法が制定される前からも財政破綻が問題となっていたので、財政再生団体の手続が粛々と行われていますが、むしろ今後は、財政健全化団体の時点で早期健全化を目指すことにより、地方公共団体の信用保証を図るべきであると思われます。

　アメリカ合衆国でも、たとえばミシガン州では、自治体が財政破綻を示す状態があると認める場合には、州の財政当局が自治体政府の予備的な審査を行い、州の財政当局が深刻な財政破綻が生じていると判断し、州知事が同じ判断に達した場合は、州知事は当該自治体が州により管理されている状態にあると宣言したうえで、緊急事態管理官（emergency manager）を指名し、緊急事態管理官は当該自治体の統治部門の者及び他の意思決定者を解任し、45日以内に財務運営計画を書面で作成するものとされています。この計画においては、自治体が行った契約（アメリカでは公務員についても団体協約の締結が認められていますが、ここでの契約には団体協約も含まれます）の修正・拒否を行うことができるとされている点で注目されます。こうした制度は、州による権限代行（takeover）と呼ばれますが、一方で自治体の権限を奪うことになることから、地方自治とどのように両立するかが課題となっているようです。

　わが国では、財政健全化団体の時点で早期健全化を目指すことを第1に考える必要がありますが、赤信号である財政再生団体に陥ったときには、債務調整を行うことまで必要とすべきかはともかくとして、一時的に当該地方公共団体に代わり都道府県ないし国が主導することや、事務・事業見直しや歳入・歳出の計画のみならず、未履行契約や労働関係の修正を認めることにより、財政再生計画の期間短縮を行うことを検討する必要があるように思われます。

# Ⅵ　歳入増の難しさと今後の地方自治の方向性

　以上、地方財政の歳入面を中心に現行制度の現状と課題について論じてきました。ここまで論じてきたことを踏まえて、地方公共団体における歳入増の難しさに対してどのように対応していくかについて考えて本書を結びたいと思います。

　**自主財源を増やすことは難しい**　　地方公共団体において税収を増やすには、税源を増やすこと、すなわち国から地方への税源移譲が不可欠です。ただ、国においても十分な歳入を確保されていない現状では、望ましい税源移譲は行われず、せいぜい三位一体改革の際に国税である所得税から地方税である個人住民税へ一部移譲されたのにとどまっています。法定外税も、地方税法の定めるところを変更することを内容とする法定外税は認められないとされる限り、税収を上げるには十分ではないと思われます。また、国税と連動して課税される住民税等に比べて、徴税費用が高くつく点も無視できません。もっとも、標準税率が採用されている税目については超過課税が可能です。特に個人住民税では、超過課税が行われていない場合、超過課税の余地があるといえます。もっとも、超過課税をすると単純に増税となりますから、個人住民税や固定資産税のような特に住民に影響する税目については超過課税を行うことは困難であると思われます。

　**地方税が偏在していることと課税自主権の関係をどのように考えるか**
地方税の税目は、できる限り偏在性のない税目でなければなりません。かねてから、地方法人２税は偏在性が極めて大きく、偏在性が小さいのは地方消費税、固定資産税であるということが指摘されてきました。た

だ、ここで問題となるのは、固定資産税はともかく偏在性の小さい地方消費税は課税主体こそ都道府県であるものの、国が消費税ともに徴収し、払い込まれた地方消費税を都道府県間で清算し、さらに市町村に交付するという形がとられており、その際の清算・交付の基準は地方税法で決められていますので、実質的には、国が徴収し機械的に各地方公共団体に配分しています。また、偏在性の大きい地方法人2税については、法人住民税の一部が地方交付税の財源となる地方法人税に置き換えられ、その比率が増えていますし、法人事業税の一部が国税である特別法人事業税（令和元（2019）年9月30日までは地方法人特別税）に置き換えられ、一定の基準により特別法人事業譲与税（令和元（2019）年9月30日までは地方法人特別譲与税）として各地方公共団体に譲与されるようにすることにより、地方法人2税の偏在性を小さくしようとしています。ただ、偏在性を小さくするためとはいえ、地方公共団体から課税自主権を奪い、地方譲与税に置き換えることが妥当かについてはなお検討の必要があると思われます。結局、偏在性の解決は、国が徴収したものないし課税したものを、一定の基準に従って清算・交付ないし譲与するという形で行われることが多く、固定資産税のように地方公共団体が自ら徴収する租税で偏在性の小さい税目がなかなか見当たらないのが現状です。

　**これからの地方自治はどうあるべきか**　　わが国の場合、全ての地域が市区町村に属しており、さらにそれを都道府県が包括しております。また、地方自治法は、一部を除き、大規模な地方公共団体においても小規模な地方公共団体においても同じ必置規制を置いており、このことこそが地方自治の本旨の帰結であるとされてきました。ただ、全国の地方公共団体の多くは経常収支比率が100％に近い状況にありますので、全

国の地方公共団体のほとんどは、法律により求められた制度を維持する
のに手一杯であるという状況にあるといえます。もちろん、地方自治の
本旨に基づいたこれらの制度を維持することは重要ですが、地方自治の
本旨に基づく制度を地方公共団体が維持することを強制されているとす
れば、逆に地方自治の本旨に反する可能性があることに注意する必要が
あります。アメリカにおいては、近年、シティ等の基礎的自治体を解散
して、権限の小さい州の出先機関であるカウンティに属するのみとする
動きが見られるようですが、わが国においても、住民の選択によりこの
ような基礎的地方公共団体の権限を広域的地方公共団体や国が代行する
ことを認めることも1つの考えかと思われます（もちろん、このような
制度を作る場合、住民の選択により改めて元のような自治体を作ること
も認める必要があるでしょう）。いずれにせよ、地方公共団体の歳入増
が難しいなか、これまでのような法律により地方自治を与えるのではな
く、住民が地方自治の範囲を決めていけるような体制にすることを考え
るときが来ているといえましょう。

## あとがき

　本書では、特に地方財政の状況が厳しいといわれる場合、なぜそのような状況に陥っているかという点に焦点を当て、現在の制度がどのようなもので、いかなる問題状況があるかということについて、特に歳入面を中心に概観してきました。従来、地方税や地方財政の研究は、法学よりも財政学や行政学から行われてきましたが、そのようななか、碓井光明東京大学名誉教授がこの分野の法学からの研究をリードしてきました。私自身、碓井教授の実直で精緻な研究姿勢に大いに影響を受けこの分野の研究をしてきましたが、地方税や地方財政がまさに法律により規律されていることからしても、法学からアプローチすべきところはまだまだあると思います。碓井教授にここに感謝するとともに、本書をきっかけに、私自身も地方税や地方財政についてより精緻な体系書を記せればと考えております。

　地方税や地方財政の話は、聞きなれない専門用語が多く出てきてとっつきにくいものですが、少しでも分かりやすくなっているとすれば、佐藤大輔氏（新潟日報事業社）の編集作業によるところも大きかろうと思います。ここに感謝申し上げます。また、今回の企画を認めていただいた新潟大学大学院現代社会研究科にも、感謝申し上げます。

　最後に、平成23（2011）年の着任以来、新潟大学では数えきれない学問的刺激を受けてきましたが、特に、法学部で特に同じ行政法を担当していた石崎誠也高岡法科大学長、下井康史千葉大学教授、田中良弘教授（４月から立命館大学教授）、隣接分野である行政学を担当している馬場健教授、南島和久教授からは、大所高所から時に厳しい有益な指導を賜

りました。ここに深く御礼申し上げます。

令和3（2021）年3月

今本　啓介

**【本書を読んだ後参考になると思われる書籍】**（著者五十音順）
板垣勝彦『自治体職員のためのようこそ地方自治法〔第3版〕』（第一法規、2020年）
犬丸淳『自治体破綻の財政学』（日本経済評論社、2017年）
宇賀克也『地方自治法概説〔第9版〕』（有斐閣、2021年）
碓井光明『要説 自治体財政・財務法〔改訂版〕』（学陽書房、1999年）
碓井光明『要説 地方税のしくみと法』（学陽書房、2001年）
金子宏『租税法〔第23版〕』（弘文堂、2019年）
神野直彦＝小西砂千夫『日本の地方財政〔第2版〕』（有斐閣、2020年）

■ 著者紹介

**今本 啓介**（いまもと けいすけ）

昭和48年　京都府生まれ
平成 8 年　早稲田大学政治経済学部政治学科卒業
平成15年　早稲田大学大学院政治学研究科博士後期課程単位取得退学
小樽商科大学准教授を経て、平成23年、新潟大学人文社会・教育科学系（法学部）准教授。
現在　新潟大学人文社会科学系（法学部）准教授
専門分野　行政法・租税法・財政法
主な著書・論文
・「国家賠償訴訟と法律上の争訟性―特に地方議会の議会内行為にかかる国家賠償の法律上の
　争訟性について―」碓井光明＝稲葉馨＝石崎誠也編『行政手続・行政救済法の展開：西埜章・
　中川義朗・海老澤俊郎先生喜寿記念』399頁（信山社、令和元年）所収
・「住民訴訟」大浜啓吉編『自治体訴訟』134頁（早稲田大学出版部、平成24年）所収
・「アメリカ合衆国における自治体破綻法制」租税法研究43号（平成27年）25頁
・「アメリカにおける州の財政破綻と倒産能力：連邦倒産法第 9 章の手続の州への導入に関す
　る議論について」法政理論50巻 3 ＝ 4 号（平成30年）281頁
・「自治体破綻法制の今後の方向性：米国の議論を踏まえて」法律時報91巻（令和元年）12号46頁

ブックレット新潟大学74
ち ほうぜいざいせいほうにゅうもん　　　　　　ち ほうぜいざいせい　　げんじょう　　か だい
地方税財政法入門―地方税財政の現状と課題―

2021（令和 3 ）年 3 月31日　初版第 1 刷発行

編　者――新潟大学大学院現代社会文化研究科
　　　　　ブックレット新潟大学編集委員会
　　　　　jimugen@cc.niigata-u.ac.jp

著　者――今本　啓介

発行者――渡辺英美子

発行所――新潟日報事業社

　〒950-8546　新潟市中央区万代3-1-1　新潟日報メディアシップ14F
　TEL　025-383-8020　　FAX　025-383-8028
　http://www.nnj-net.co.jp

印刷・製本――株式会社ウィザップ

## 「ブックレット新潟大学」刊行にあたって

　新潟大学大学院現代社会文化研究科は、さまざまな問題を現代という文脈の中で捉えなおすことを意味する「現代性」と、人間と人間、人間と自然が「共」に「生」きることを意味する「共生」、この二つを理念として掲げています。日本海側中央の政令指定都市新潟市に立地する本研究科は、東アジア、それを取り巻く環東アジア地域、さらには国際社会における「共生」に資する人材を育成するという重要な使命を担っています。

　現代社会文化研究科は、人文科学、社会科学、教育科学の幅広い専門分野の教員を擁する文系の総合型大学院です。その特徴を活かし、自分の専門領域の研究を第一義としながらも、既存の学問領域の枠にとらわれることなく学際的な見地からも研究に取り組み、学問的成果を上げてきました。

　現代社会・世界・地球環境はさまざまな課題をかかえています。環境破壊・地球温暖化現象、国家間の対立・紛争・テロ等、地球規模での解決困難な課題、少子高齢化、学校・教育問題、経済格差、AI等々の、社会生活・日常生活に関わる諸課題が山積しています。さらに、2020年に入り、新型コロナウイルス感染拡大が、国際社会、社会生活・日常生活のあらゆる領域に多大な影響を及ぼしています。本研究科の学問的営みは、これら「現代性」に関わる諸問題に向き合い、課題を発見・解決すると同時に、多様性を尊重し共に助け合いながら生きてゆく「共生」の精神に基づき、一人一人の可能性を引き出しつつ、真に豊かな人間社会を形成する可能性を追求してゆきます。

　「ブックレット新潟大学」は、現代社会文化研究科の研究成果の一端を社会に還元するため、2002年に刊行されました。高校生から社会人まで幅広く読んでいただけるよう、分かりやすく書かれています。このブックレットの刊行が、「現代性」と「共生」という研究科の理念を世界の人々と共有するための一助となることを心より願っています。

2020年11月

新潟大学大学院現代社会文化研究科
研究科長　堀　竜　一